東京大学大学院医学系研究科・医学部救急医学分野教授
医学部附属病院救急部・集中治療部部長
矢作直樹

人は死なない

ある臨床医による摂理と霊性をめぐる思索

basilico

人は死なない

ある臨床医による摂理と霊性をめぐる思索

目次

第一章　生と死の交差点で

第二章　神は在るか

第三章 非日常的な現象

第四章 「霊」について研究した人々

装丁●松木美紀

第一章　生と死の交差点で

一●はじめに

●幼い頃の記憶

幼い頃、私は「どうして人間には良心があるのだろうか」という素朴な疑問を持っていました。もし自分が生きている世界がこの世でしかないとしたら、何をしてもよい、どんなに悪いことをしても、たとえば人を殺しても、死ねばすべてはなかったことになってしまう。この世は夢なのだろうか。そうだとしたら良心なんかなくてもよいことになる。そんなことが有り得るだろうか。この「良心」には、何か大きな意味があるのではないかと思っていました。

その一方で、自分が生きる世界はこの世でしかなく、死ぬと無になれるのならどんなに楽だろう、この世で何をしてもよいし、疲れたら死ねばよいことになる。幼いながらも、生きるということに対して何かとんでもない旅路につかされているようなしんどさを感じていた私は、何も考えなくて済むなら無になりたいものだとも思っていました。

また、なぜ自分は今ここにいるのだろうか、自分のいる地球を含めたこの宇宙はどうして存在するのだろうか、この宇宙は誰が作ったのだろうか、といったことをよく考えていました。私が子供の頃には、お年寄りが「お天道様が見ている」と言っているのをよく耳にしたものですが、その「お天道様」という言葉の中に、人を超越した何か大きな意思の存在を、子供心にも漠然と感じていました。

ところで、私には忘れられない少年時代の記憶があります。

神奈川県の辻堂に住んでいた小学三年生のとき、父の後をついて自転車で江ノ島に行った帰りの出来事でした。当時松林が生い茂って見通しが悪かった浜見山交番前の国道を横断中に、私は車にはね飛ばされ、頭から道路に落ちて入院することになりました。もちろん、はねられた瞬間から後のことは何も覚えていません。

やっと退院できるというときに、主治医が母に「お子さんは小学校を卒業するまでに亡くなるかもしれませんが、無事に生き延びたらその後はたぶん大丈夫でしょう」というような説明をしているのを、私も横でいっしょに聞いていました。どうも事故のせいで頭の中の大切なネジが何本かはずれてしまったようで、子供心に「へぇー、死ぬんだ」と他人事のように思いながら母の顔を見ました。そうしたら、いつになくとても厳しい表情だったので、これはまずいのかなと思ったことを覚えています。主治医もずいぶんあっけらかんと言ってくれたものですが、母はそれで動揺するでもなく、じきにふだんの様子にもどりました。今から考えると、主治医はどうも外傷性てんかんでたおれることを言っていたのではないかと思います。

入院後、意識がもどってからずっと続いていた頭痛、吐気とめまいがその後も残り、私は家でしばらく臥せっていました。ずいぶん経ってやっと症状が収まったと思ったら、私はかつてのように見たものを自然に覚えることができなくなったことに気づき、自分の身に明らかな異変が起こったこと、死が身近なことを漠然と感じるようになりました。自分が両親に対して何かとんでもないことをしてしまったという罪悪感から、自分の頭の中の変化や感じたことについてはいっさい両親には話しませんでした。

●私が医者になった理由

私が医者という職業に就いてから、ほぼ三〇年になります。ただ、医者という職業について特別な矜恃を持っているわけではありません。いきあたりばったりでこの職業に就いた、というのが本当のところです。

中学生くらいまでは、大人になったら自然に関る仕事、具体的には地理や地質に関る仕事、あるいは機械工学に関る仕事、特に鉄道関係のエンジニアのような仕事をしたいと思っていました。

ところが高校生になって、自分にはどうやらそうした仕事の基本となる理数系の才能がないことに気付き、その方面でひとかどの者になることは到底無理だと悟ってしまった。かといって文系の才能があるわけでもありませんでした。

これといって抜きん出た才能がない私には、将来を考えるといわゆる「免許モノ」でつぶしがきく職業が無難なのではないかと考え、何となく大学の医学部に入ったというのが実情です。ずいぶんといい加減ですね。そんなわけで、身も蓋もないいい方になりますが、当時から医師という職業に対してこれといった志も展望も持っていませんでした。しっかりした使命感や目的意識を持って医学を志した仲間には、実に申し訳ないことだと内心忸怩たるものがあります。

それでも大学に入ると、できることなら子どもの頃から親しんだ登山に関る高所医学の領域で仕事をしたいと思い始めました。また当時の生理学は、現在のように「すべてミクロ」を対象とするのではなく、高所医学のように人間を丸ごと調べる領域の研究に、まだ活力があったことも影響しました。

しかし、後述しますが、大学の五年生のときに二度も山で墜落・滑落したことから登山をやめてしまい、同時に卒業後のささやかな目標も失ってしまいました。

いざ大学を卒業する段になっても、特に何をしたいということもありませんでした。そんなとき、先輩から声をかけられ、ある新設医科大学の麻酔科に入ることになりました。その職場には小規模ながら救急外来や集中治療室もあり、業務はずいぶんと多岐にわたり、新米医師の私にとってはとても学ぶことが多かった。また、まわりのスタッフにも可愛がられ、それなりに楽しい時代ではありました。

しかし、悲しいかな明確な目的意識もなかった私は、その後幾多の病院を転々と渡り歩くことになり、救急・集中治療、外科、内科、手術部等、臨床医として様々な経験をしました。またその間、ひょんなことから分子生物学の研究という臨床以外の仕事にも携わりました。

そうこうするうち、一九九九年に縁あって現在の大学の工学部精密機械工学の教官となり、その二年後現職に就いたというわけです。

ともあれ、小さな病院から大きな病院まで様々な病院で働き、一刻を争う救命医療から死期の迫った患者さんを苦しませることなく穏やかな状態で見送るための緩和医療まで、実に多彩な現場で働いてきました。しかし、いま振り返るとそうした体験が、臨床医の私にとってずいぶんと勉強になったように思います。

この間、確とした目的意識もない私ではありましたが、とにかく必死で働いた。特段好きだとも思わない仕事にも関らずなぜここまで働くのか、私にもよくはわからない。あえて言うなら、目の前に仕事があるから、そして仕事に対しては義務があるからということでしょうか。

二●生と死の現場

さて、いうまでもなく病院は人が生きるために治療をする場所ですが、同時に多くの人々がその最期を迎える場所でもあります。現在我が国では死亡人口の八割強が病院で亡くなり、その数およそ九〇万人／年です。一方、全国の病院（二〇床以上の入院床を有す医療施設）九〇〇〇の総一般床合計は、約九〇万床。つまり、病院で亡くなる人数を床数で単純に割ったとして、各床当り毎年一人亡くなる計算です。

したがって、我々病院で医療に従事する者は、当然のことながら日常的に人の死に立ち会うことになります。一方、これまた当たり前のことですが、治療によって重篤な容態から回復する人も数多くいる。病院とは、まさに生と死の交差点ともいえる場なのです。

いずれにせよ、このような環境にいると、どうしても人の生や死というものを相対化してとらえるようになります。特に私の場合、大学時代に登山の現場で死を目撃したり、心肺停止状態となった友人が蘇生したというような場面をみているせいか、医療に従事してからも人の生や死に対してとりたてて心を揺さぶられるようなことはありませんでした。

といって、心が乾いているわけではありません。手をつくした結果、残念ながら患者さんが亡くなられたときには、いつも心の中で「どうもお疲れ様でした」といっています。

また、残された近親者の方々が、亡くなられた患者さんに現世で二度と会えなくなることに対して、嘆き悲しむ気持ちはよくわかるし同情もします。そして「力及ばずお気の毒な結果になって申し訳ありません」と申し上げています。

●人は必ずこの世を去る

二〇年ほど前のことですが、ある印象深い事例をあげてみたいと思います。当時私は、循環器専門病院で勤務していました。

二〇代女性、妊娠三四週、米国在住。既往歴特になし。

この患者さんは、米国にてここ数週間、息切れ、頻脈、易疲労感を主訴として、帰国しました。二日後、主訴が増悪し、当病院に緊急入院となりました。入院時血圧九〇／七〇ｍｍＨｇ、心拍数二〇〇と厳しい頻脈でした。また、心電図では、心房性頻拍症とＱＲＳの電位低下（心筋の電気活動の低下）を認めました。胸部Ｘ線で心陰影の著しい拡大がありました。心エコーでは両心室の全体的な収縮能の極端な低下がありました。

この心エコー検査中に心肺停止となり、蘇生三〇分後に自己心拍が再開しましたが、残念なことに胎児が死亡しました。母体を救うためには一刻も早く帝王切開により亡くなった胎児を体外に出したいところでしたが、循環動態の立て直しに時間を要しました。

蘇生七時間後にやっと緊急帝王切開を施行し、集中治療室（ＩＣＵ）に入室となりました。この時点ですでに心不全、肺水腫、腎不全、肝不全の多臓器不全を呈していました。心臓超音波検査では、心臓は体へ血を送る左室の内径が正常の二倍近くまで拡大して、収縮の度合いは正常の一／六ほどまで極度に低下していました。一言で言うと心臓がのびきってまったく動いていなかったのです。我々は、心臓の病態を周産期心筋症と予測しました。

すぐに大動脈内バルーンパンピング、人工呼吸、持続血液濾過（ＣＨＦ）、抗凝固療法を開始しましたが、頻拍症は抗頻脈薬、鎮静薬などにほとんど反応しませんでした。食道ペーシング（心臓に最も近い食道から電極刺激して心臓の調律を強制的に調節する方法）の回数を三五〇回／分まで上げてみたのですが効果がありませんでした。

循環の維持が困難となったので入院翌日、三四℃の低体温とし、全身の酸素消費量を落とすことにしました。入院二日後、補助循環（体の血液を体外に導き遠心ポンプで心臓の代わりに液を押し出し、人工肺によりガス交換した血液を再び体内にもどす仕組）を導入しました。

入院五日目、心臓の機能が改善傾向を示し出し、大動脈内バルーンパンピングの補助のもとに補助循環から離脱できました。さらに徐々に心機能が回復し出し、入院一一日目、常温にもどしました。肝不全に対しては血漿交換を五回施行しました。入院一五日目にようやく大動脈内バルーンパンピングから離脱できました。人工呼吸器からは一七日目に離脱しました。このとき患者さんの声を聞けて本当にこちらまでほっとしました。

また持続血液濾過は一九日目に離脱し、強心剤は二一日目に止められました。そして、とうとう入院三〇日目に一般病棟に転棟することができました。この頃には、全身の浮腫の名残もなく、肝不全による黄疸の色素沈着もほとんど消え、華奢な体、彫りの深い端正な細面に大きな二重瞼の佳人にもどっていました。

血液検査で急性心筋炎をきたすようなウイルスや自己免疫抗体は陰性でした。他に心臓の機能を落とす可能性として甲状腺などの機能をみましたが特に異常はありませんでした。最終的に周産期心筋症と診断しましたが、これは妊産婦が罹患する、未だに原因不明でその臨床経過も個体差の大きい難しい心臓の病気です。

我々が試行錯誤して臨床に導入した様々な方法を駆使し、この当時に行い得た最高の集約的な治療をしたと思います。

ところが、一般病棟転棟二カ月後、ぎりぎりであった心筋の収縮力が徐々に悪化し、心拡大による三尖弁逆流が進み、それによる鬱血から肝不全をきたして、一般病棟からCCU（冠動脈集中治療ユニット）に入室となり、直後に人工呼吸を再開しました。

再度の重篤な心機能低下は、非常に厳しい予後です。今の状況をご家族に話さなくてはなりません。二カ月前に一般病棟へ移られるときに喜んでいらしたご両親の顔を思い浮かべて、こちらは非常に気が重くなりました。私の上司と循環器内科の主治医ともども重い足取りでCCUの面談室へ向かいました。

面談室に入ると、ご両親が静かに控えておられました。ちょうど私の両親と同じくらいの年齢の方々でした。泣きたい思いでご両親に、事態の説明と治療方針について相談をしました。やっとの思いでよくなった矢先に、厳しい説明を聞かなければならないご両親の胸中を察してあまりあるものがありました。

「これまでの経過から期待は持てませんが、補助心臓を装着して再び心機能の回復の可能性に期待するか、あるいは非常に異例なことではありますが、渡航移植をするしかありません」と申し上げました。

そうしたところ、端正で穏やかな娘さんの容貌に似た父親は、まったく逡巡することなく口を開きました。

「これまで十分にしていただきまして誠にありがとうございました。娘の気持ちを考えまして、もうこれ以上の治療は結構です。」と穏やかに、けれどもきっぱりと言われました。横でこれまた本当に優しそうな母親も無言のまま静かにうなずいていました。

二人の顔は、とても自然で穏やかでした。愛娘が急に得た不治の病により寿命であることをすでに悟っているようでした。私は、その短い言葉の中に、娘への深い理解と思いやりをひしひしと感じました。まさに「足るを知る」ということをわきまえられた立派な態度に深く感動し、しばらくは言葉が出ませんでした。ご両親や娘さんは、どのような人生観を持っておられるのか伺ってみたいと思ったほどです。また、治療については今まで説明しながら行ってきたつもりでしたが、もしやこちらの思い込みで過剰な医療の押し売りになってはいなかったか、と遅まきながら反省もしました。

「承知しました。ご本人が決して苦しい思いをされないよう、十分配慮させていただきます」と申し上げ、医師としては力及ばず断腸の思いではありましたが、後は苦痛のないように緩和治療を施行することになりました。

娘さんは、三週間後ご家族に見守られて静かに亡くなられました。

当時の私は、循環器病の積極的な治療をモットーとする当病院の職員として、あらゆる可能性を探って治療法を向上しようという意気込みでした。その頃も、個人的には決して「死は敗北である」とは思っていませんでしたが、他院での治療が困難ということで当病院に来られた患者さんや家族の方々の意を汲んだつもりで、ぎりぎりいっぱいまで治療を頑張っていました。

恥ずかしながら、その中でこの方のように一度良くなった後に再び悪化し、打つ手が無くなった心不全状態の方の最期の迎え方に思いを致していなかったことを強く反省させられました。

人は、必ずこの世を去る。考えてみれば当たり前のことなのですが、医師がどんなに手を尽くしても、人の寿命を覆すことは絶対にできません。しかし、この厳然とした「真理」を我々はとかく忘れがちなのではないでしょうか。

●容態が急変して亡くなる人

医療の歴史は、感染症との闘いだったといってもよいでしょう。ごく近年でこそ死因の上位を悪性新生物（ガン）、心疾患（心筋梗塞等）、脳血管疾患（脳卒中）が占めるようになりましたが、それでも死因の一割は四位の肺炎によるものです。

特に急性期の重症患者が治療を受ける集中治療室（ＩＣＵ）では、感染症が転帰を左右する大きな要因となっています。そして、この難敵である感染症の大半は細菌感染症です。細菌感染症のやっかいなところは、感染の原因となる細菌およびその侵入経路が、必ずしも容易にはわからないことです。

少し専門的な話になりますが、細菌を特定するためには、菌の数が十分増えるように検体を一日以上培養する必要があります。ところが、感染した場所が尿路なら尿が混濁している、呼吸器なら汚い痰が多量に出る、傷からなら傷から膿が出る、といったような典型的な場合だけでない、つまり、混濁した尿、汚い痰などから菌が出ない場合がままあるのです。

病原菌が検出されない場合、患者の状態（元気だったか、ガン・肝硬変・糖尿病などにかかっているか、免疫抑制剤投与を受けているか、といった体に関する情報）、発症した場所（病院の外か、病院内か）によって、感染症を起こし得る細菌の種類を想定して当たる確率の高い抗生剤を投与します。この抗生剤の効果の判定には重症の場合でも薬が効いて体によい徴候が出てくるまでの時間として最短でも二日はみる必要があります。ところが、この間に急速に病勢が進む場合には、対処が間に合わず、救命できない事態が生じます。

問題になる事例の一例として、消化管の手術後に原因不明の敗血症（細菌感染症が体中に蔓延し、重篤な状態になったもの）を引き起こし亡くなる場合がときどきあります。定型的な手術が滞りなく行われ、一般病棟に帰ってこられたが、術後二日目くらいに発熱などを初発症状としてあっという間に敗血症になるのです。

手術に関しての問題がないのに、なぜ人によってこのように容態が急変するのか、現状ではまったくわかっていません。

以下に述べる事例は、容態の急変によって患者さんが亡くなった一例です。

このときの患者さんは、五十歳代の女性でした。

呼吸困難を訴えて来院。既往歴としては、軽い肺気腫があることと三年前に胃切除を施行されたこと以外は特になかった。

来院前の経過は、四日前に感冒様症状と下痢があり、二日前に自宅近くの医院で受診し、感冒（風邪）と診断され総合感冒薬を処方された。再びこの医院で受診したところ、肺炎との診断を受け、昼前に救急車で当院救急外来に転院搬送されてきた。

搬送されてきた際に呼吸器内科医が診察したところ、頭痛、胸部痛、呼吸困難を訴える。問いかけには応答するが、眼は閉じたままでうなっていることが多く、いまひとつ意識がはっきりしない状態だった。また、呼吸数が毎分四〇回とひどく促迫していた。酸素を投与したが、酸素の取り込みが非常に弱く、みるみる間に呼吸状態が悪くなり、救急科医に引き継がれた。

早速診察した所見では、目を開いているが意識についてはややはっきりせず、血圧は一〇〇／六六と正常だったが、心拍数一一二とやや脈が速く、体温は三五・九℃とむしろ低下していた。酸素の取り込みが悪く、ＳｐＯ２が八七％（正常は九五～一〇〇％）と低下したままだった。胸部単純Ｘ線写真で、右肺の下半分に浸潤影強く、肺炎所見があった。さらに精査のために行った体部ＣＴでも、右下半分と左下半分に浸潤影強く、肺炎は確定的だった。

なお、依然として意識が低下したままなので頭部ＣＴを撮ったが、明らかな出血や梗塞は認められなかった。ところが、診察を進めていくと頚部硬直があり、髄膜炎が疑われた。

喀痰、髄液のグラム染色で肺炎双球菌が検出され、尿中肺炎双球菌抗原が陽性だった。また、血液培養から肺炎双球菌が検出された。大人であっても細菌性髄膜炎は非常に危険であり、直ちに別の強力な抗生剤を追加投与した。

この時点で、肺炎双球菌による肺炎から敗血症をきたし、それが脳に及んで髄膜炎を引き起こしたと考えられた。しかし、入院後の病状進行は、普通ではあり得ないほど急激なものだった。

入院半日後には、血圧を維持するためのノルアドレナリンを最大まで上げても、末梢血管が締まらなくなってしまい、血圧を維持することができなくなった。続いて入院一日後には、最強力の強心剤であるアドレナリンとピトレシンを、最大まで上げても血液循環が維持できなくなり、腎不全を併発して尿がまったく出なくなった。また、敗血症が進み、DIC（播種《はんしゅ》性血管内凝固症候群）を発症した。そして、髄膜炎を抑えることができず、入院一日半後には脳幹も含めた脳全体がやられて瞳孔が開き、ついに循環と呼吸も維持できなくなって亡くなった。

患者さんの容態が急激に悪化して亡くなってしまうという事態に直面し、ご主人の心中は察してあまりあるものがありましたが、心を鬼にして病態解明のために病理解剖をさせていただけるようお願いしたところ、快く承諾していただきました。本当にありがたかった。

病理解剖所見では、臨床所見を裏付けるように、細菌性髄膜炎によって両側側頭葉を中心に脳幹を含む脳全体の軟化をきたしていました。普通の細菌性髄膜炎では、脳幹にまで軟化が及ぶことは珍しいことです。また、この事例では病状が急激に進行しましたが、実際の脳の変化はそれ以上に激烈でした。背骨の中の脊髄をおさめる硬膜もパンパンに張り、内腔からは、黄白色の濁った髄液が溢れ出してきました。抗生剤治療は、残念ながらまったく効果がありませんでした。肺は胸部のＸ線写真およびＣＴ像のとおり、右肺優位の大葉性肺炎で斑状に出血を伴っていました。

最初に述べたように、この方の場合ごく軽い肺気腫はあったものの、その他にこれといった基礎疾患はありませんでした。にも関わらず、なぜこのように病状が重篤化するのか現状ではまったくわかっていません。

細菌感染症の個人差については、Ａ群連鎖球菌という細菌が、連鎖球菌性咽頭炎という軽い疾患しかきたさない場合もあれば、壊死性筋膜炎という致死的な感染症をきたす場合もあることがわかっています。この差については、ごく最近の研究で、免疫細胞の表面タンパク質をコードするＨＬＡ－Ⅱという遺伝子群が変異体として細菌毒素に対して異なる反応をきたすことによることが明らかとなりました。すなわちＨＬＡ－Ⅱという遺伝子変異体群には感染傾向を示すものと感染に対して防御的に働くものとがあるのです。

いずれ肺炎双球菌をはじめ他の細菌と個人の反応との関係において、このような免疫細胞反応の個人差をきたす機序が明らかとなると思われます。個人の遺伝子表現形が安価、短時間、確実にわかるようになれば、このような個人差により激しい病状を引き起こす危険の高いものについて、選択的にワクチン接種することにより効率的に予防することが可能になる時代が来るかもしれません。

ところで、我々医療従事者を悩ますこの「細菌感染症の個人差」はなぜあるのでしょうか。

生物は天変地異に対して、種の中に多様性を内在させることで、どれかの個体が生き残れる仕組をあらかじめ持っていると考えられています。細菌に対しても同様であり、巧みにその形質を変えていく細菌からの攻撃に対して、生物としての人類が「細菌感染症の個人差」を有するからこそ、人類全体からみると一部を犠牲にしながら生き残りをはかっているというわけです。

ひるがえって考えると、人類が生き残るための強力な手段である「個人差」の大きさのために、我々はその全体像がつかめず、個々人を相手にする臨床現場で手探りの苦戦を強いられているといえるかもしれません。

●予想を超えて命をつなぐ人

いきなり容態が急変して亡くなる人がいる一方で、極めて重篤な状態にも関らず予想を超えて一命を取り止め良好な回復をみせる人もいます。

例えば、心肺停止患者の蘇生ガイドラインとされているウツタイン様式の四つの条件をクリアしないにも関らず、完全社会復帰を果たす人です。

ウツタイン様式とは、一九九〇年ノルウェーのウツタイン修道院で開催された国際蘇生会議において世界各国の学会代表が、病院外心肺停止症例の蘇生率等について地域間・国際間での比較が可能になるように作成された記録方法に関するガイドラインのことです。具体的には、次にあげる四つの分類において、心肺停止状態となった傷病者の予後転帰を記録するためのガイドラインのことです。

①原因が心原性（心筋梗塞等）であるか非心原性（事故による外傷、溺水等）であるか。
②目撃者の有無。

③傍にいる人（バイスタンダー）による心肺蘇生措置がなされたかどうか。
④初期心電図の波形が心室細動であるかどうか。

現在、この四つの条件（心原性である、目撃者がいる、バイスタンダーによる心肺蘇生がなされた、初期心電図が心室細動を示した）を満たす場合のみ完全社会復帰が期待でき、一つでも満たさない場合は極端に予後が悪化することがわかってきました。

以下にあげたのは、患者さんがウツタイン様式を満たしてなかったにも関わらず「生き返った」事例です。

このときの患者さんは、六〇歳代の男性でした。

アパートの自室で隣人と会話中に突然意識を失って倒れた。患者の反応がないことから、この隣人が九：一五、救急要請した。この友人による心肺蘇生はなされず。救急要請から三分後に救急隊が現場に到着。心肺停止が確認され、自動除細動器（ＡＥＤ）を装着したところ、心室細動と自動診断され、すぐに除細動（直流の電気ショックを心臓に与え、心臓がもとの正常なリズムにもどるようにする）された。正常のリズムに戻らず、ＰＥＡ（無脈性電気活動という心電図モニターで見かけ上心臓の電気活動（ＱＲＳ）が出ているのに脈が触れない状態）になった。そこで心肺蘇生下に、当院に搬送された。
九：四三、救急外来に到着。心肺蘇生を続行した。心室細動がおさまらず、除細動九回、アドレナリン（強心剤の一つ）などを投与。
九：五二、動脈血液ガスのｐＨ六・九九、乳酸一四・三（正常上限は二・〇㎜Ｍ／Ｌと心肺停止により組織の循環が極めて悪い状態であった。
一〇：一五、自己心拍再開。瞳孔は散大し、対光反射も確認できず。エコー検査で、心臓の動きは極度に低下していた。胸部Ｘ線撮影で、心拡大、肺水腫を認め、心不全・肺水腫の診断となった。大量の強心剤の持続投与が必要であった。
一一：四六、呼吸循環管理のためにＩＣＵ入室となった。
二一：〇〇頃、体動出現。また呼吸が出てきたが、あえぐような呼吸であったために、鎮痛鎮静剤を用いて呼吸を抑え、心臓の負担を減らす。
翌日（入院二日目）、瞳孔が正常の大きさに縮み、対光反射が出現してきた。鎮静が浅くなると体動が出てきて、心臓のリズムや血圧が不安定になったので、再び鎮静を深くする。
その後、日がたつに連れて、徐々に強心剤の量を減らすことができた。

入院五日目、腎臓の機能不全が進み、尿が出なくなったので限外濾過という腎臓の代替療法を導入。頭部ＣＴでは、蘇生後の脳の障害を示す所見はなかった。

入院六日目、意識の確認のために鎮静剤を止めたところ、問いかけにかすかに頷く。その後徐々に意識状態が改善してきた。

入院九日目、人工呼吸器から離脱する。自分の名前、年齢が言える
入院一〇日目、限外濾過から離脱し、透析に移行する。自分の名前、ここがどこか言える。

入院一八日目、意識の改善がみられ、ふつうに会話ができるが、さっき言ったことを忘れる。一般病棟に転棟。

入院三〇日目、心臓カテーテル検査で、冠動脈の狭窄をみとめず、拡張型心筋症という心臓の筋肉がだんだん壊れて、薄く延びてしまう進行性の心臓の病気であり、かなり病状が進んでいることが確定した。その後、不整脈、腎機能障害の治療を続行した。

入院五三日目、意識清明となり、退院。


この事例は、突然倒れたことや経過から致死性不整脈（おそらく心室細動）による心肺停止と考えられます。傍にいる人による心肺蘇生措置がなされず、心肺停止時間も実際に

は最少四〜五分あり、救急隊が到着したときの心電図こそ心室細動であったものの、除細動を繰り返してもなかなか安定した正常のリズムになりませんでした。年齢も六〇歳代と若くはなく、蘇生開始一時間後の自己心拍再開後も、循環動態が安定せず、経験的には予後は厳しく、社会復帰は全く望めないと思っていました。予想外に結果がよかった理由はわかりませんが、救急隊の心肺蘇生がしっかり効いていたことは間違いありません。

実際のところ、現代の医学常識ではまず助からないだろうと思われる患者さんが蘇生したという事例は数多くあり、私自身も経験しています。また、読者の中にもそうした話を耳にされた方は多いのではないでしょうか。

現役の臨床医である私がこんなことを言うと顰蹙をかうかもしれませんが、実際の医療の現場ではわからないことだらけというのが本当のところです。

三●代替医療

●現代医学の限界

先にあげた容態の急変による死亡にせよ、予想を超えた蘇生にせよ、その原因は現代の医学では情報が少なく説明することができません。

生命とは我々が考えるほど単純なものではなく、自然科学としての現代医学が生命や病気について解明できているのはほんのわずかな部分でしかない。

患者さんやご家族からすれば、我々医師は生命ないしは体についてのプロフェッショナルとして期待されていることでしょう。しかし、我々医師が「あらゆる総合である存在としての生命」について知っていることは、実のところ本当にごく限られたものです。

確かに、現在では様々な病気に対していろいろな治療が受けられる。だけれども、その後の治癒の経過は、結局患者さんの心の持ち様が重要だと思っています。私だけでなく、臨床医は少なからずそう思っているはずです。だから、私は事あるごとに「意欲」はとても大事であると、冗談ではなく本気で訴えています。

米国の統合医療の提唱者アンドルー・ワイルは、近代医学に欠けている全体を見るという立場で「人は心で治る」と力説しています（アンドルー・ワイル『人はなぜ治るのか』）。

心霊治療がいち早く医療保険に組み込まれた英国（著者注：英国医学協会は、二〇世紀最高の心霊治療家ハリー・エドワーズの治療に対して一九五六年に「医学では不可能なことが起こったと公表した（『DIVINE healing: B.M.A. evidence to Archbishop's Commission. British Medical Journal 1956; May 12. 1 (Suppl2677): 269-273』））に遅れて近年米国でも、対症療法的なアプローチでは必ずしも解決できない生活習慣病をはじめ慢性疾患、免疫性疾患などには、東洋医学も含めた相補・代替医療（complementary and alternative medicine［ＣＡＭ］）を取り入れていくことの必要性が認識されるようになりました。そして一九九三年に国立衛生研究所（ＮＩＨ）に代替医療事務局（ＯＡＭ）が設置され、一九九九年には国立相補・代替医療センター（ＮＣＣＡＭ）としてＮＩＨの二五番目の独立組織となりました。その研究対象は、鍼、アロマ、アユルベーダ、カイロプラクティス、サプリメント、電磁気、ホメオパシー、マッサージ、心理療法、瞑想、気功、レイキ、ヨガ、イメージ療法、生体自己制御、祈りなど、非常に多岐にわたっています。これらの信憑性に対して予断を持たず、まずは検証していこうという姿勢には米国の懐の深さを感じさせられます。

さて、こうした代替治療にあげられたものの中で、私自身が体験した気功について以下に述べますが、我々臨床医の常識からすると文字通り嘘のような話です。

●気功

平成六年、私は中健次郎先生の気功講習に参加しました。それまで私は気功について特に深く学んだこともなく、また講習後に自分で練習もしましたが、どうも気功の才能はなさそうで長続きしませんでした。したがって、気功について立ち入って述べる立場にはないのですが、講習で体験したことは事実そのものなので、その非日常的な力について述べてみます。とにかく、その体験は「信じがたい」の一言につきました。

中先生は大学卒業後、中国で中医学を学んだ後日本に戻って鍼灸師の資格をとり、再び中国で中医学と気功の修行を続けたという経歴の方です。

先生は大学の頃よりインド、東南アジア、オーストラリア等世界各地を旅行されていますが、日本に帰国するたびに全国各地で行われる気功講習に引っ張りだこです。また、メジャーな健康雑誌に一年にわたってコラムを連載されたことから、ご存知の方も少なくないと思います。

さて、私の受けた講習は実に衝撃的でした。

最初に数十名の受講生といっしょに先生が気の練り方を示されました。準備運動を十分行った後あぐらをかいて座り、両手を前に出して呼吸とともに両手の中に気玉を作っていく。これは初心者の私にもすぐにできましたが、その目に見えないゴムまりのようなものが次第に大きくなっていく感覚はとても新鮮でした。

その後、先生は中腰の姿勢から、全身を緩めながら両腕を鞭のようにしならせて前に出すという動作をやってみせられました。先生によると、体全体を緩めてはじめて気が満ちるそうで、その気が満ちたときの力の強さを実感させるための実演でした。

引き続き中先生に促され、私を含めた何人かの受講生が代わる代わる先生の両腕をしならせる動きに抗するように両手首をつかんで全体重をかけて押え込もうとしました。すると、私より先に試みた人たちは、まるで象の鼻に乗った子どものように簡単に放り投げられました。私も続いて先生の両手首を力いっぱい押えつけましたが、一瞬のうちに体が宙を舞いました。それは機械かなにかのレバーにしがみついて放り投げられたような感覚で、とても人間の力とは思えない強力なものでした。

力学の第三法則（作用・反作用の法則）から考えると、私が「作用」として押えたのは私の前下方向であり飛ばされたのは後上方向です。したがって「反作用」として中先生はその重心がやや後方に動いているはずですが、体はまったく動いてなかった。もちろん、私は床を蹴るなどの所作は一切していない。というより、そうした反応をする間もないほど一瞬の出来事であり、いったい何が起こったのかわかりませんでした。

次に先生は柱を背にして立ち、気を込めて、受講生に自分の胸を力まかせに押し込むよう促されました。すると、受講生たちが全力で押しているにも関らず、まったく力がかかっていないかのように、先生は普通に話を続けられました。

極めつけは、受講生たちを立たせて、先生が数メートル離れた背中側の方向から引っ張る動作をすると、まるで紐で引っ張られているかのように受講生が本当に倒れてしまったことです。この現象は、力学の第三法則では当然のことながらまったく説明できません。

やはり中先生の気を体験した東京大学工学部の同僚教授（専門は流体力学）の解釈では、気を送られる側の人が自動的に動かされる「何か」を受取り、その「何か」に感応して自分自身が動いているとしか考えられないということでした。可視化できる現象は確かにあるわけで、少なくとも彼の意見では、ニュートン力学が支配するこの日常世界の常識を無視してその現象を考えることはできないそうです。もちろん、その「何か」については彼にもわからないのですが。

しかし、後述する黄先生の対気で、お弟子さんが先生に打ち込みをかけるときに、その方向と反対にまるで跳ね返されたように飛ぶのもこの「何か」に感応して自分で無意識に、あるいは体が勝手に反応して、反対に飛んでいると考えれば理解できるのではないでしょうか。

ただ、後になってわかったことですが、この同僚教授の示唆はとても的確でした。気功師の脳波についての最近の研究によると、気功師から気を受けている一般人の脳波は気を送っている気功師のそれと次第に同調してくるということがわかりました。また、気功師とその弟子を別々の部屋に隔離して行われた気の伝達実験で、八〇秒に一回送信者が受信者に対して気を発する、あるいは攻撃する動作を行い、受信者がその気あるいは攻撃の気配を感じたときにボタンを押すように指示したところ、実際に送信者によって発気や攻撃動作が行われたちょうどそのときに受信者のα波が出現する比率が高まる、つまり動作と脳波の同調が起きることがわかりました。

最初の受講から少したった平成六年の十月、私は中健次郎先生の北京気功ツアーに参加しました。そのときの参加メンバーは、私の他に七〇歳代のAさん夫妻、三人の医者を含めその他九名でした。ツアーでは、四泊五日の滞在中に四人の先生に指導を受けましたが、どの先生もその道の最高レベルの方々でした。ここでは、そのうち特に印象に残った二人の先生の指導について述べてみます。

まず、外気功の大家である黄震寰《こうしんかん》先生。航空工学の教授で六一歳とのことでしたが、見た目には四〇歳代にしかみえない。黄先生は、最初に踊りのように流れる気功の演武を披露された後、三人のお弟子さんを相手に対気を行いました。お弟子さんたちは、それこそ黄先生の体に触れるか触れないかくらいのタイミングで飛ばされていきました。試しに私は、そのコロコロと飛ばされていたお弟子さんの一人と対気をしてみましたが、手刀一押しであっという間に飛ばされてしまいました。中健次郎先生のときと同じで、まるで岩と対峙したようでした。

もう一人は、外気治療の第一人者である李和生先生です。李先生は、ツアーに参加したパーキンソン病を患っている七〇歳代の男性Aさんに、実際に治療を施されました。先生が右手をAさんの両足裏から一〇センチメートルほど離し、団扇で風を送るようにパタパタと扇ぐような動作を一五分ほど続けると、Aさんは鼾をかいて寝入ってしまいました。いっしょに日本から付き添ってきた奥さんによると、この病気になって以来、こんなふうに熟睡するのをみたことがないとのことでした。我々は、その後約一時間ほど先生の授業を受けましたが、その間Aさんはずっと眠ったままでした。

さて、我々が驚いたのは、Aさんを起こしたときです。それまでAさんはパーキンソン病特有の動作が硬くて歩幅が小さいよちよち歩きだったのが、若干のぎこちなさはあるもののほぼ普通の滑らかな歩行ができるようになったのです。Aさんの奥さんは、涙を流して喜んでいました。私はというと、それまでの臨床医学の知識が邪魔をして俄かには信じがたく、その現象をどう理解してよいのかわかりませんでした。

李先生は、パーキンソン病になった理由は本人の頑固で怒りっぽく奥さんに対して感謝の念を示さない生き方にある、だから神罰があたったのだとAさんを諫めていました。まあ、今さらそう言われても人の性格はそう変わらないでしょうが。

ともあれ、目の前で起きた現象は私にとって本当に驚きでした。もっとも、中先生によると、このレベルの気功治療ができるのは、中国でも一億人に一人くらいだそうですが。

気功の原理は、いまだ解明されていません。気功が自然科学のさらなる進歩によって解明できるものなのか、あるいはまったく別次元の原理に属するものなのかということもわかっていません。一部の基礎研究によると、様々な波長の波が出ているといわれていますが、それが気功のすべてを説明できるわけでもないし、その波がなぜ出るのかについてもまったくわかっていないのが実状です。

このように多くの人が可視化、体験できる現象でさえ、現在の医学知識ではそう簡単に解明はできません。ただ確実にいえることは、現に「それはある」ということです。

第二章　神は在るか

一●科学と科学主義

現在の医学では、生体を一つの「総合システム」として捉えてマクロに研究することが困難なことから、ミクロの研究手法が主流となっています。例えば、罹病した人のDNAを調べて異常を見つけ、細胞や動物を使って同様のDNA異常を再現することによって、その発現を阻止する方法を探るといったやり方です。

そうしたミクロの研究から、病気の原因解明、生活習慣等の具体的な予防手段、診断技術の向上、治療薬の創薬等、その成果が医療の現場にフィードバックされてきました。

また、診断技術の進歩は、超音波、内視鏡、CT、MRI等、医療機器の研究開発に負うところが非常に大きく、出血、がん、変性疾患等の検出能力は飛躍的に向上してきました。従来なかなか困難であった脳の活動状態まで、現在では捉えることができるようになってきています。

このように、近代医学の進歩には目を見張るものがあります。

しかしその一方で、現在認知されている病気のほとんどは、その原因すら解明されていないのも事実です。ＤＮＡに関しても、その三％を占める遺伝子についてはある程度わかっているものの残りの九七％、俗にジャンクＤＮＡと呼ばれる部分の働きについては何もわかっていません。医療現場においても、前章で述べた通りわからないことが多々あり、ましてや気功や代替医療の解釈については、現在の医学ではお手上げです。

そして、こうした事情は医学に限ったことではありません。現在の科学で解明できることは、実はわずかでしかなく、この世界は謎に満ちているといっても過言ではないのです。

●自然科学という「思想」

いうまでもなく、近代において自然科学が我々の日常生活あるいは社会思想に与えた影響は極めて大きく、「真理」を提供するという意味でかつて宗教が担っていたような役割を果たし、その結果人々は自然科学に万能感を抱くようになっているのではないでしょうか。

自然科学という概念を私なりに定義付けると、「ある観察対象（現象）から導いた仮説や理論を再現性のある観測や実験に基づいて検証し説明し得ることで妥当性を認識され、それにより自然一般の理解に貢献する学問ないしは理念」ということになりましょうか。ただ、自然科学における事実や法則は、当然のことながら人間の関与によって生み出されたものであり、必然的にその時代の探求方法の制約を受けるものです。したがって、その「真理」は絶対的なものではなく、時代の変遷とともに変わり得るものであり、そこでわかった「真理」はその時点での「真理」に過ぎないということもできます。

現代の自然科学の手法、すなわち現象をきたす要因を分析的、解析的に抽出し、それを組み合わせることで当該現象を再現するという研究手法は、ルネ・デカルトやガリレオ・ガリレイによってその有効性が明らかにされました。こうした手法は、高次の概念を低次の概念で、全体を部分によって説明しようとする試みで、還元主義と呼ばれます。

事物事象を構造化して解析するこの還元主義では、対象とする現象が機械のようなものであれば、再現性がよいということになります。極端な例としては、人間機械論のような説を展開する学者まで出てきました。したがって、対象が人間であれば必然的に精神と体を分けて考えるようになります。

しかし、最先端の自然科学の一つである量子力学の発展により、このデカルト以来の心身二元論は揺らいできます。

二〇世紀に入ると、マクロ世界の説明に相対性理論、ミクロ世界の説明に量子力学が登場し、それまでの我々の感性で理解できた世界とはかなり趣きが異なる世界が提示されます。量子力学の世界では、電子や光子は波動と粒子が共存した状態をとることができ、その状態がどう観測されるかについては、偶然に支配されるため確率的にしか予想できない、そして電子と比較にならない大きなものとの相互作用が起きると、電子の波が収縮する（幅のない鋭い針状の波に縮み粒子としての電子が姿を現す）とされています。

逆に言えば、観測するための行動は、その粒子のその後の状態に影響を与えるということになる。つまり、精神と物質はまったく別の概念で互いに直接関係することはないという、精神と体の二元論は、量子力学の実験的証拠によって揺らぐことになるのです。

この量子力学が提示した精神と物質の一元論的世界観は、紀元前六世紀のギリシャ哲学のミレトス学派にその源を見出せます。その思想は、精神と物質を区別せず、すべての存在を生命と精神を備えた「自然」と捉えるものです。しかしその後、エレア派の登場により世界を支配する神性と物質とは別物であるとする二元論にとって替わられることになります。

他方、東洋では仏教、ヒンドゥー教、道教において、万物は一体でありすべては互いに関連し合っているとされていました。

オーストリア出身の素粒子物理学者フリッチョフ・カプラは、自身のみならずジョン・R・オッペンハイマー、ニールズ・ボーア、ヴェルナー・ハイゼンベルクといった量子力学の泰斗たちが感得した世界観と、東洋の仏教、ヒンドゥー教等の世界観との間の相似性を指摘し、万物の一体性と相互関連性を究極不可分のリアリティであるとしています。また、ソニーのエンジニアで愛玩ロボットＡＩＢＯの生みの親として知られる天外伺朗も、東洋哲学と深層心理学からのアプローチにより、宇宙全体が一つの生命体なのではないかと提言しています。

さらに、理論物理学者のデヴィッド・ボームとその同僚で脳科学者のカール・プリブラムは「二一世紀には科学と宗教が一つのものとして研究されるであろう」という希望的な仮説を提唱しています。また、世界賢人会議「ブタペストクラブ」の創設者兼代表であるアーヴィン・ラズロは、彼の「量子真空エネルギー場理論」によって、生命の誕生と進化の謎を解き明かせるという可能性とともに、すべての存在は繋がっているという事実を科学の側から説明できるといっています。

このように、古代ギリシャ哲学や東洋の宗教思想において直観的に理解されていた万物の合一性という概念は、二〇世紀の量子力学発展により科学的なアプローチがなされるようになってきました。ここまで科学と宗教が重なってきたのは、驚くべきことです。

しかし、本来自然科学の目的は観察対象がどのようにして起こっているのかを明らかにすることであり、それがなぜ起こっているかを問わない。この「なぜ」を問うことは、従来形而上学の役割でした。つまるところ科学は、その守備範囲を「解けるもの」に限定しています。

二〇世紀に入って目覚ましい成果を上げた量子力学も、万物がなぜ在るのか、なぜ活動をしているのか、この宇宙全体をコントロールしている力とは何か、といった根源的問いには答えることはできません。

●科学と宗教の棲み分け

科学の対象は、当然のことながら「すべて」ではありません。

「断続平衡説」を提唱した米国の古生物学者スティーヴン・J・グールドは、この四半世紀にわたって、科学と宗教は一つになるのでも対立するのでもなく、非干渉でありながらも互いに敬意を持って共存すべきだと説いてきました。つまり、科学は経験的な領域をカバーし、宗教は本源的意味と道徳的価値の問題の上に広がり、両者は重なり合うことなく棲み分けているというわけです。

また、「インテグラル思想」を提唱した米国の思想家ケン・ウィルバーは、人間の内面性が軽んじられ実証されたもののみが真実であるという近代科学の物質主義的世界観に席巻された現代社会を、批判を込めて「フラットランド」と名付けましたが、実にうまいネーミングです。

ウィルバーは、人間の体、心、霊魂についての探求にあたって、肉の目（自然科学に代表される外的物質世界を認識する経験主義的視点）、理知の目（哲学、論理学、心理学といった知と心について考察する合理主義的かつ主観的視点）、黙想の目（霊性という超越的リアリティについて考察する神秘主義的視点）という三つの目が必要であり、それらがバランス良く発達することの大切さを力説しています。そして、この三つの視点で得られる領域はそれぞれ独立していて、これを同列に議論するのは根本的な誤りであるとし、その誤りを「範疇錯誤（カテゴリ・エラー）」と呼びました。

哲学者エマヌエル・カントも「科学がいつか死後の意識の存続や死後の生を証明できるという考え方自体が誤っている」と言い、霊性の領域は人間の理性、認識力を超えていて検証できないものであることを強調しています。

その他現代の学者では、国際ヒトゲノム計画の責任者フランシス・コリンズ（現在米国衛生研究所所長）が、「進化論的有神論」という言葉では先入観が入り過ぎて、信仰と科学の統合を表現するには適切でないと考え、ギリシャ語で生命を表す「バイオス」とキリスト教で神と同義に使われる「ロゴス（言葉の意）」を組み合わせて、「バイオロゴス」という概念を提唱しています。なお、コリンズは、「人生の意味とは」「人間の死後には何があるか」といった科学では対処できない問いに対する答えとして「神」の概念を使っています。

日本では、遺伝子工学をいち早く用いて高血圧に関わる因子の一つであるレニンの遺伝子解読（DNAの塩基配列を決定すること）を行った村上和雄筑波大教授（当時）が、極微小のDNAがたった四種類の塩基A、T、G、Cの組み合わせによる三〇億もの塩基対でできているという精妙さに、その背後に人智を越えた大きな力を感じて、その力を「サムシング・グレート」と呼びました。

ともあれ、近現代における自然科学は飛躍的な進歩を遂げ、人類はその多大な恩恵を享受していることは確かです。しかしその反面、我々は科学への過信からその本質を誤解するようになっていないでしょうか。

私には、現代の人々は、自然科学本来の領域を忘れ、あたかも科学的方法論によって解明できない領域など存在しないと考えるようになってきているのではないかと思えて仕方がありません。

科学の領域、すなわち空間、時間、物質＝エネルギーのリアリティ以外にリアリティと呼べるものはない、このような自然科学への「信仰」を、米国の哲学者ヒューストン・スミスは「科学主義」と呼びました。

私自身、実際の医療現場に身を置いていると、机上で科学的に考えてすべてが解決するほど現実は単純ではないことを痛感しています。

繰り返すようですが、科学の進歩は目覚ましいとはいえ、我々人間がこの「世界」について知っていることは極めて限られているのも事実です。

二●宗教と人間

ここまで、自然科学とその思考方法について簡単に述べてきました。しかし、現在我々の社会の隅々にまで影響を与えているこの自然科学は、体系付けられて展開し始めてからわずか三〇〇年あまりしか経っていません。

一方、近代になってしばしば自然科学の対立概念として捉えられてきた宗教は、紀元前よりあらゆる地域、民族において、長い間人間社会の核となる概念として存在してきました。

いうまでもなく、宗教は精神の領域を扱う知の体系です。いささか乱暴な言い方をすれば、物質領域を扱うのが自然科学であり、精神領域を扱うのが宗教ということになる。さしずめ、現代の人間は精神を忘れ、物質の追求に血道をあげているということになりましょうか。

とはいえ、形式としての宗教は、葬儀、礼拝といった儀式として、現在も強固な習慣として残っています。また、よほどの科学信仰の信徒でない限り、ほとんどの人々は潜在意識下に宗教的感受性を残しているのではないかと私は思います。そして、先に触れたように、優れた自然科学者の中にも、宗教ないしは精神領域について思索を拡げる人々がいることも事実です。

●万教同根

三大宗教といわれる仏教、キリスト教、イスラム教は、西暦でいうとそれぞれ紀元前五世紀頃、西暦元年、七世紀頃に始まるとされています。以後、教義をめぐって分裂を繰り返し、その時代時代の思想的、政治的な要因による修飾を受けながらも、現在まで続いてきたことは周知の通りです。覚醒者シャカ、神の子キリスト、預言者ムハンマドという不世出の教祖によって生まれたとされるこれらの宗教に包含される世界観は、極めて大きな広がりと深みを持っています。遥かなる昔に、このような思惟がなされたことは実に驚くべきことだと私は思います。

もちろん三大宗教以外にも、ユダヤ教やヒンドゥー教のような今に続く有力な宗教も存在するし、その他にも様々な宗教があります。また、三大宗教の成立よりずっと以前から、宗教の原型のようなものはありました。

ただ、あらゆる宗教に共通するのは、「神」の存在を基本としている点です。そして、古代の人々は、「神」をほとんど直観的に感受したのではないでしょうか。

人類が「神」という抽象的な概念を持ったことは、ある意味で画期的なことだと思います。二足歩行を始めたから、あるいは道具を使うようになったからではなく、宗教あるいは宗教的感性を持つことによって、はじめて人間はその他の動物と本質的に異なった存在となったのではないでしょうか。

ところで、ヴェーダ（紀元前一〇世紀〜五世紀頃の古代インドで編纂された宗教文書。バラモン教を起源とする）の中に、「唯一の真理は聖者たちによって多くの名で語られる」という格言がありますが、ユダヤ教やキリスト教ではその「唯一の神」をヤハウェと呼び、イスラム教では同じ神をアラーと呼んでいます。また、仏教ではダルマカーヤ（叡智）、ヒンドゥー教ではブラーフマン（宇宙の根本原理）といっています。

このように、それぞれの宗教によって呼称は異なりますが、共通しているのは人智を超えた「大いなる力、真理＝神」の存在を基本原理としている点で、「万教同根」ということができます。

●宗教の変容

先に少し触れたように、現在まで続いてきた宗教は、その過程においてそれぞれの教義の解釈をめぐって分派を繰り返しながら変容を遂げてきました。

仏教、キリスト教では、そもそも釈迦やキリストの生前に教義を記したテキスト（教典）があったわけではありません。教祖の死後、その弟子たちがその教えや奇蹟を記述しまとめたものが教典として引き継がれてきたのです。また、その教典も長い年月の間に様々な修整が施されてきました。

仏教では、釈迦入滅後、五〇〇人の高弟たちが集まって釈迦の言葉を書き留めようとした第一結集（釈迦の言葉を編成し皆で合誦すること）では文字化されず、口承で後世に伝えられました。

その後文章化が始まり、教典が出来上がっていきますが、釈迦が没してから一〇〇年後の第二結集における根本分裂（それまで一つだった教団が上座部と大衆部に分裂した事件）以後、上座部仏教聖典として伝えられていきます。

一方、大衆部（大乗）仏教は、中央アジアから中国、朝鮮、日本という経路を辿って広がっていきますが、その教典は新たにつくられました。

仏教と同じくインドの古代宗教であるヒンドゥー教でも、バラモン教の聖典ヴェーダを基本としながら、各種の民族宗教、民間信仰を取り込んで、その内容に手が加えられていく事情は似通っています。

また、キリスト教の教典である聖書には旧約、新約の二通りあることは周知の通りです。このうち、旧約聖書はユダヤ教の聖典ですが、モーゼによって記された「律法の書」をベースに、王、預言者、羊飼い等、他のユダヤ人の指導者たちが書き加えて成立したものです。そして、新約聖書は、キリストが処刑されるまでいっしょに過ごした高弟たち、マタイ、マルコ、ルカ、ヨハネ、ヤコブ、ペテロ、ユダによって、福音書、書簡、手紙がまとめられて生まれました。

なお、イスラム教ではこの両聖書とコーランを教典としています（ただし、内容に齟齬がある場合はコーランの記述が優先される）。コーランは、神が大天使ガブリエルを介しムハンマドの体を通して彼らの言語（アラビア語）および思惟形態で語りかけたものを、後に三代目カリフとなったウスマン・イブン・アファーンが書き留めたものとされています。

いずれにせよ、原初の宗教は、それが弟子たちによって記録されるようになったときから、変質していく宿命にありました。

各宗教は、布教が進むにつれ教団としての組織化が進み、それと同時に教団内にヒエラルキーが形成されていきます。教団の指導層は、組織を維持するためにその時代時代における教団内外の政治的、経済的、社会的な背景を忖度しながら、教義を実情に合わせて都合良く解釈してきたという面も否めません。

そして、教団は自らの権威を誇示するために華美な聖堂を建立したり、その宗教が誕生した当初には存在しなかった冠婚葬祭をはじめとする数々の儀式を発明してきました。こうした様々な修飾が施され、一つの大きな社会勢力となって現在まで続く大宗教があるわけです。

ちなみに、釈迦は生前、一番弟子であるアーナンダに「お前たちは修行完成者（＝ブッダ）の遺骨の供養（崇拝）にかかずらうな。どうか、お前たちは、正しい目的のために努力せよ（中村元訳『ブッダ最後の旅』岩波文庫）と言い残しています。しかし、釈迦の死後弟子によってその遺体は火葬に付され、さらに遺骨は八つに分配されてそれぞれ仏舎利塔に納められました。仏教におけるその後の葬儀の様式は、ここにその原型があるともいえます。

釈迦のいったことは明快で、遺骨供養（崇拝）など無意味だといっているわけです。にも関わらず、弟子たちは結果的に師である釈迦に背いたということになります。

ところで、組織化された宗教は、他の宗教、宗派に対して極めて非寛容かつ排他的な傾向を持っていて、昔から現在に至るまで、ときに血で血を洗うような抗争を繰り広げてきたことは、歴史書に記述してある通りです。

ウィリアム・ステイントン・モーゼスの『霊訓』には、「我々は一つの信仰を唯一絶対と決め込み、他のすべてを否定せんとする態度にも、一顧の価値も認めません。真理を一教派の専有物とする態度にも賛同しかねます。いかなる宗教にも真理の芽が包含されているものであり、同時に誤った夾雑物も蓄積しています」とあります。この言葉を、後世の教団指導者たちはどのように受け止めたのでしょうか。

かつてガンジーは「もしキリスト信者たちが、その信仰に忠実に生きていたら、インドにはヒンドゥー教を信じる者たちは一人もいなくなってしまっただろう」と述べていますが、この言葉はユーモアでも嫌みでもなく、端的に宗教の実践の困難さを言い当てています。

さらに、インドの哲学者で元大統領のサーヴェパリ・ラーダクリシュナン博士も「私たちに必要なのは、イエス・キリストのごとく神を生きている人間であって、キリストの教派ではない」と言っています。

また、マザー・テレサは「キリストに近づこうとしている人たちにとって、キリスト信者たちが最悪の障害物になっていることがよくあります。言葉でだけきれいなことを言って、自分は実行していないことがよくあるからです。人々がキリスト教を信じようとしない一番の原因はそこにあります」と書いています（『マザー・テレサ　愛と祈りのことば』）。

確かに、宗教がその時々の社会環境に応じて変化せざるを得なかった事情は理解できなくもありません。布教による信者の獲得という基本命題を持っている教団が、組織化、形式化し、現実の世界と妥協していくのは、ある意味で必然だったのでしょう。また、社会の変化とともに信者も変化し、誰でもより手軽に信仰を持てるようになっていったことも事実です。こうしたある種の世俗化がなければ、宗教はその命脈を保つことができなかったかもしれません。

一方、教典の研究は、その成立時から現在に至るまで延々となされてきました。教典に記されている一言一句の解釈を子細に検討する作業は、現代では一つの学問として位置付けられていますが、それはある意味で文献学といえなくもありません。

ともあれ、宗教は長い年月をかけて大きく変容してきました。端的に言えば、組織はより洗練され、教典の解釈はより分析的になりました。その結果、宗教は一つのシステムとして我々の社会の中に根付いたということもできます。

しかし、いうまでもなく「初めの宗教」は政治とも金銭とも、そして組織とも無縁でした。また、「教え」を啓示として受けとめる感性と教典の「解釈学」とは別のものです。

私は、現在の宗教が大きな社会的組織となって信者も増大し、教典の研究も進化した一方で、原初の宗教が有していた直観的なダイナミズム、真理に対する希求性が失われたのではないかと思うのですが、どうでしょうか。

●日本の宗教

一般に、日本固有の宗教というと神道ということになりますが、神道には聖書やコーラン、経典のような明確な教典を持たず体系的な教義もありません。そういった意味では、仏教やキリスト教、イスラム教といった宗教とは異なります。
原初の神道、いわゆる古神道は、太古の日本人の民俗信仰であり、森羅万象に精霊（神）が宿るとする点で、アニミズム（原始宗教）に近いものでした。その後、大和朝廷によって編纂された記紀（古事記、日本書紀）において王権（天皇）の出自と結びつけられ祭政一致のかたちをとり、以後仏教や陰陽道、儒教等の影響を受けながら、現在まで連綿と続いていいます。その過程で、儀式を付加したり、政治的な意図の下に再編されたり（明治維新時の国家神道）した点は、他の有力宗教と似通った経緯を辿っています。

ただ、多神教である神道の基盤は、ありとあらゆる事物事象に神々（八百万《やおよろず》の神）が宿るとする点にあり、原始宗教の直観的ダイナミズムを残しています。また、長く存在したものに対して畏敬の念を表し、道具塚、針供養等にみられるように、自然界だけでなく人工物にまで神（九十九神《つくもかみ》）が宿るとする点で、他のアニミズムと異なった非常にユニークな特徴を有していました（ただし現代の神社神道では神々の宿る範囲は限定されている）。

自然崇拝、祖霊や死者への畏敬を本質とする神道が、曲がりなりにも現在までその命脈を保ってきたことは、天災の多い自然環境ながらも一方で豊かな山海の恵みを受けることのできる列島に太古より生きてきた日本人固有の世界観と無縁ではありません。

自然を克服すべき対象とする西欧の自然観と日本人のそれには、少なくとも近代までは際立った違いがありました。しかし、欧米思想にどっぷりと浸かった現代の日本人が、この古代信仰の本質をどこまで理解しているかはわかりません。

とはいえ、現在でも神道は大きな宗教法人として存立し、神社本庁が統括する神社は全国で八万社ほどにもなります。また、氏神祭等の祭事を通して日本人の生活の中に溶け込んでいることも事実です。

カリスマによって創始されたのではなく、自然発生的に生まれ、明確な教義や教典を持たず、他宗教にも寛容というかその一部を取り込んでしまうほど融通無碍な側面を持つ神道は、欧米や中東の一神教の国々の人々には、ずいぶんといい加減な宗教だと映るのではないでしょうか。

先進国の中で、このような信仰が形式的にではあれ社会的に認知された大きな組織として存在しているのは、日本だけでしょう。

現代の日本人は正月には神社に行って柏手を打ち、葬式では読経をしてもらって墓参りをし、クリスマスにはケーキを食べプレゼントを交換して聖歌を聞きながらキリスト誕生を祝います。宗教までも消費の対象としている現代の日本人を軽薄だとする見方もあるでしょうが、反面あらゆる宗教的行事の中に無意識にではあれ「神性」を感受している、つまり直観的に「万教同根」を理解しているとも言えなくもない。少なくとも私はそう思いたい。

神道の「道」は「惟神の道《かんながら》」ともいわれますが、神々（自然）の計らいに添って森羅万象や心霊に対して畏敬の念を抱きながら、あるがままに生きようとする神道、そしてそれを信仰して生きてきた日本人の感性に、私はとても大きな魅力を感じるのです。

●日本人の死生観

ここで、日本人古来の死生観について、少し述べておきます。

敗色濃厚となった昭和二〇年春、戦死した多くの若者の霊の行方を想い、連日の空襲警報のさなかに執筆された柳田国男の『先祖の話』には、死後の世界を身近に捉えていた日本人の姿が描かれています。その中で柳田は、日本人が「他界」を身近に捉えていた四つの理由をあげています。

①霊は身近に留まって遠くにはいかないと思われていた。

②顕幽二界の交通が頻繁で、どちらかの意により招き招かれるのに困難はないと思われていた。

③他界するときの念願が、死後に達成されると思っていた。

④そのために転生して自分の願望を続けようと思った者が多かった。
この本の中の「帰る山」には、日本各地で、霊が生前の生活を営んだ故郷や子孫の生活を見守ることができる近くの見晴らしのよい山にとどまり、祭りのたびに里や川辺に迎えられた様子が述べられています。

また、いわゆる「生まれ替わり」信仰では、神として浄化される前の霊が別の肉体に宿りこの世に転生するとされ、日本人はこの「転生」を深く信じていたということが詳細に述べられています。


柳田と並ぶ著名な民族学者である五来重は、日本各地における古代からの伝習や葬儀を詳細に実地検分し、「古来、日本人は山や海の彼方に死後の世界を想定し、古代神話ではこれを常世《とこよ》と呼んでいた。そして仏教渡来以後、来世で地獄におちないために罪滅ぼしとして寺の建築や仏像の建立、巡礼や遍路、そして追善、供養など様々な社会奉仕を行った」と述べています。

また、「他界して間もない（四十九日くらいまで）新霊は、崇る性質があり、これを荒魂（あらみたま）といい、葬儀により鎮魂をすることで、罪と穢れが清まるにつれて慈しみが前面に出た和魂（にぎみたま）になっていくと考えられた。また、擬死再生（仮に死んだことにして再生するという儀礼。たとえば、熊野詣や大峯登山のように、白衣の死装束で一度死者の世界に行って、生まれ変わって帰ってくる）により、生まれ変わるという再生信仰が特徴的である」と述べています。

これに対して日本思想史の研究者である佐藤弘夫は、柳田国男の説に囚われることなく、死にまつわる儀礼や言説の分析を通じて、古代から現代に至る死者・霊に対する日本人の観念とその変容の実態を自著『死者の行方』の中で考察しています。佐藤は、庶民の葬送の形態から時代を、以下にあげるような四つに区分しています。

①古代から一一世紀まで。簡単な葬送儀礼の後、風葬。
②一一世紀から一六世紀まで。火葬後、遺骨を霊場に納め、墓塔が建立される。六世紀に渡来した仏教が、平安時代後期に浄土信仰として各地に広まり、この世と別次元の彼岸への往生を遂げることを願った（他界浄土）。
③一六世紀から一九世紀まで。家制度の確立と寺院の境内墓地の一般化により、死者は檀那寺の墓地に埋葬され、子孫による定期的な墓参が確立。彼岸世界の縮小とともに死後もこの世の一角に安眠し、子孫とやり取りすることを願った。
④一九世紀から現代まで。納骨棺を具えた「家の墓」の普及。遺影を部屋に飾る。死者

は生者の記憶の中にのみ存在する。

佐藤弘夫の分析によると、日本人の遺骨を大切にし定期的に墓参をするという習慣は、古代から一貫したものではなく、上記のような変遷の後に近世以後に確立したと考えられます。

また、江戸時代中期の国学が戦前までの日本人の死生観に大きな影響を及ぼしたと考えられ、『万葉集』の研究に生涯を捧げた賀茂真淵や、その門人であり『古事記』の研究を行った本居宣長の述べる「古の日本人は神とつながっていた」という考えは、平田篤胤や本田親徳に引き継がれ、復古神道として結実したとされます。彼ら江戸時代の国学者は、儒教や仏教などの渡来文化の影響を受ける前の古の日本人の素朴な民族信仰の復古を唱えました。

中世には仏教、儒教などの渡来文化の影響を受けたものの、近世になり世が落ち着くと、現世を生きることへの比重が大きくなったため、本来の神道に戻ろうとしたと考えてもいいかもしれません。

次に、日本人の死生観が現れている表現として「能」をとりあげてみます。

日本固有の舞台芸術のひとつである能は、奈良時代から現在にまで継承されている、舞台劇としては世界最古のものです。庶民のものであった歌舞音曲が、現在のような形になったのは鎌倉時代後期から室町時代前期にかけての時代だといわれています。生きている人間だけが登場する「現在能」に対して、「夢幻能」では霊が現実と夢の中で登場します。夢幻能の前半では、旅の僧（ワキ）が名所旧跡を訪れると、土地の人の姿を借りて現れた霊（シテ）がその名所にまつわる昔話をします。そして後半では、霊（シテ）が生きていたときの本来の姿で旅の僧の夢の中に出てきて、最後に舞を舞って成仏し鎮魂されます。

このように能の内容は、昔の庶民の生活の中にあった「顕幽二界の交通が頻繁で、どちらかの意により招き招かれるのに困難はない」という死生観をよく表していると思います。古来より日本人は、死後、霊が肉体から離れて他界に生き続けると信じていたのです。

三●大きな力

幼い頃、私は自分のいるこの世界が不思議でなりませんでした。空の果てのそのまた果てはどうなっているのだろう、人間はなぜ生まれてなぜ死ぬのだろう、死後の世界はあるのだろうか等々。

面白いことに、こうしたプリミティブな疑問は、大人になったからといって失ってしまうものではありません。ただ、大人になると日々の生活に忙殺され、忘れているだけなのです。

●生命の神秘

我々が生きているこの地球には、微生物から植物、動物まで、膨大な種類の多様な生命が存在しています。しかも、同一の地域、環境下においても、そこに生きている生物の大きさ、色、寿命、生態等は様々で、その多種多様性は変わりません。なぜ、このように生態の異なる多様な生き物が同時に存在しているのでしょうか。

砂浜に産み付けられた卵から孵化したウミガメの子どもは、誰に教わるまでもなく海を目指します。カメレオンは、外敵から身を守るために周囲の色彩に合わせて皮膚の色を変えることができます。ＤＮＡに刷り込まれた本能、進化の結果だといってしまえばそれまでですが、よく考えてみると不思議なことです。なぜなら、そうした生命の本能や属性が偶然に出現したとは思えないからです。

また、ライオンが排出した糞は土に還り、その養分を吸収して草が生え、その草を食べたシマウマをライオンが補食する。いわゆる食物連鎖を考えても、まるであらかじめ誰かが設計したかのような完璧かつ大がかりなシステムとなっています。そして、比喩的ない方をすれば、そのシステムの中であらゆる生命が己の分を守って生き死にを繰り返してきました。少なくとも、人間以外は。

現在、生命のおおよそのメカニズムは解明されているし、進化に関しては改めて述べるまでもなく常識とされています。また、最近の学説では、すべての生命のＤＮＡどうしには何らかの連関があるとされています。

しかし、なぜそのようにあるのか、いったいどのような因果関係があってこのように多様で個性的な、しかも調和のとれた生命の在り方が実現したのか。

そのように考えると、私は道端に生えている雑草にさえ神秘を感じざるを得ないのです。

そして、生命の不思議さを考えたとき、不思議の最たる生き物は、ありとあらゆる森羅万象を思索の対象とする人間に他なりません。

●宇宙の神秘

人間をはじめとする多種多様な生命が存在するこの地球は、いうまでもなく宇宙の一部です。そして、地球の属する銀河系には二〇〇〇億個以上の恒星や星間物質があり、宇宙には一〇〇〇億個以上の銀河があるといわれています。

まったく、気が遠くなるような数ですが、それらの無数の星々を浮かべている宇宙は、我々の想像を絶する広がりを持っているということになります。

ところで、私もそうでしたが、幼い頃、誰しも一度は「宇宙の果て」について思いを馳せたことがあるのではないでしょうか。見上げた空の向こうには宇宙が広がっているが、そこには果てがあるのだろうか、あるとすればその外側はどうなっているのか。

宇宙についての研究は、かなり昔からなされてきましたが、二〇世紀に入ってアルベルト・アインシュタインの一般相対性理論が登場したことによって、それまでの研究とはまったく様相が異なってくることになります。この古典物理学の金字塔ともいえる理論は、なかなか難解なしろものですが、ごく簡単に言えば空間は単なる空間ではなく時空連続体であり、しかもそれは均質ではなく歪んだものになる。つまり、質量が時空間を歪ませることによって重力が生じるとする理論です。したがって、ニュートン力学でいうところの「万有引力」は、「力」ではなく時空の歪みとして説明されます。相対性理論の画期的な点は、それまで単純な空間と認識されていた概念に、「時間」というまったく別種の概念を組み入れたところにあります。

アインシュタインの相対性理論が現代の宇宙論に及ぼした影響は大きく、ブラックホールや後述するビッグバンの概念は、この理論から導き出されたものです。

「宇宙の果て」の話に戻ります。宇宙の果て、つまり「空間の限界」はあるのか。結論からいうと、あるのかないのかわかっていません。空間は無限に続いている可能性もあるし（要するに解明できないということ）、相対性理論を援用して仮説を立てると有限で周期的である可能性もあるとされています。有限とは「閉じられた空間」ということで、周期的とは「端がない」ということです。よく使われる例えでいえば、地球のような球体を真っ直ぐにどこまでも歩いていくと、最初の地点に戻ってくるということになります。つまり、果てはないということです。

このように相対性理論による時空連続体として宇宙空間を捉えると、例えばものすごく性能の良い望遠鏡のようなもので宇宙の果てを見ていると、過去の自分が見えるという想像もできます。

さて、「宇宙の果て」は空間に関する謎ですが、宇宙には大きな謎がもう一つあります。それは、宇宙はいつ生まれたのか、すなわち「宇宙の起源」という時間に関する謎です。

現在の宇宙物理学では、宇宙の誕生を説明する理論としてビッグバン理論が主流となっています。これは、宇宙は時間も空間もない「無」の状態から忽然とビッグバンと呼ばれる爆発的膨張が始まり、その膨張は現在も持続しているとする理論です。しかし、宇宙の始まり（時刻0）以前については、残念ながらわかっていません。

また、「万物の理論」となる可能性があるとされている超弦理論と呼ばれる最先端の理論では、宇宙誕生時の時空は十一次元であるとされています。十一次元です。いやはや、想像できますか。

なお、最新の宇宙理論では、我々の宇宙以外にも宇宙が生まれているということが、ほぼ定説となっていますが、ちょっと途方もないスケールの話ですね。

ともあれ、「宇宙の果て」にせよ「宇宙の起源」にせよ、「複数の宇宙」にせよ、数式や観測データによる仮説を立てることはできても、その具象的なイメージを頭に浮かべることはできません。最先端の宇宙物理学をもってしても、宇宙の果てのその向こうはどうなっているのか、宇宙の始まりがビッグバンだとしてもそれ以前はどうなのか、といった一般の人々の素朴な疑問に答えることもできません。

もうお気づきになったように最先端の宇宙理論には、自然科学にも関わらず、どこか宗教的な神秘性を有し、ほとんど黙示録の世界に入り込んだような趣きがあります。

原初の宗教は、直観的にではあれ、ある種の宇宙観を有していました。そして、現在の最先端の宇宙論を突き詰めていくと、宗教で言うところの「啓示」に触れるのではないか。

つまり、宗教的真理と科学的真理は、神の啓示という一点で繋がっていると言うこともできるかもしれません。

ちなみに、ビッグバン理論を提唱したのは、ベルギーの宇宙物理学者ジョルジュ・ルメートルですが、彼はカトリック司祭でもありました。

●意思

現在の生命科学にしても宇宙物理学にしても、その研究成果には目を瞠るものがあり、我々を取り巻くあらゆる事物事象に関する解明は相当なところまで進んでいます。

しかし、これから先、森羅万象のメカニズムの研究がさらに進んだとしても、根源的な問いである「なぜ万物万象がそのように在るのか」という問いに対する解を、人間が得ることはできないのではないでしょうか。

日常的にはほとんど意識することはないでしょうが、よく考えてみると生命の在り方にしても宇宙の成り立ちにしても、我々の生きるこの「世界」は途方もない神秘性に包まれていることがわかるはずです。

そして、有史以来、大半の人々が日常では意識しないにせよ無意識のうちに、人間の考える意思を超えた、いわば「絶対的意思」とも言える存在を感じ取っているのではないでしょうか。

宗教における「神」とは、この人智を超えたすべてを司る「全的でありかつ想像を絶する大きな力」のことに他なりません。

私ももちろんこうした「力」の存在を感じている一人ですが、私はそれを「摂理」と呼んでいます。

第三章　非日常的な現象

前章で、我々人間が知っていることはわずかでしかないこと、自然科学の限界といったことについて述べてきました。

本章では、私自身の体験も含めて非日常的な事例、現在の自然科学では説明できない別次元の、いうならば霊性の領域に関する事例を紹介します。

以下に紹介する事例は、一般常識からすれば俄かには信じられないような現象ばかりですが、まずは先入観抜きに読んでみてください。

一●自分の中に入り込む他者

ここでは、救急外来に運ばれてきて私が治療にあたった、二十歳代の女性Bさんの例を紹介します。少し長くなりますが、まず以下に来院時のBさんの状態と治療の概略を述べておきます。

●Bさんの治療

Bさんは、一四時過ぎに一〇階建てマンションの下の植え込みに下半身を、歩道に上半身を置いた状態で、仰向けに裸足で倒れているところを通行人に発見された。状況から、マンションのどこかから墜落したらしい。覚知（救急通報）から三〇分後に救急外来に到着したときはショック状態だった。

このとき、Bさんの様子が尋常でないことに気付く。このように多発骨折が明らかな状態にも関らず、険しい表情ながらも意識が異様に清明だった。通常、このような外傷では頭に打撃を受けたような場合を除き、苦しがって興奮したり、辻褄の合わないことをいったり、あるいは意識が極端に低下していることが多い。そうした点からも、Bさんの様子の特異さは際立っているように感じた。

治療を開始した当初、血圧測定不能で頻脈、呼吸促迫の状態だった。大量の輸液を行いながら超音波で体幹の出血の有無を調べたところ、両側の血胸、左腎損傷が判明。両上肢の動きは問題なかったが、両下肢は動かなかった。外見から明らかな両側の肋骨多発骨折、骨盤骨折、右下腿骨開放骨折、右尺骨骨折、右四、五指骨折の他に、全身のX線撮影により両側の肺挫傷、胸椎から腰椎にかけての四つの椎体圧迫骨折が判明した。

出血により胸腔に溜まった血液を除くための処置中、Bさんが突然「飛び降りました」と言った。

輸液に反応し循環動態が一時持ち直したので、CT検査に引き続いて血管造影を行ったところ、外傷性下行大動脈瘤と広範な後腹膜出血が認められた。後腹膜出血に対してはすぐに腰動脈の塞栓術を施行した。

ここまでの処置中に身元が判明し、駆けつけたご家族に経過を説明した上で面会してもらった。

血圧の上昇とともに両側の胸腔からの出血が増加したため、胸部外科によって緊急開胸止血術が施行された。しかしこの時点で肺挫傷のために酸素の取り込みが極端に悪化し、出血のひどかった左側の止血術終了時には、右側の開胸術施行を断念せざるを得なかった。また、外傷性下行大動脈瘤についても保存的に観察することとした。

結局、来院から翌朝まで循環動態を安定させるために、輸液十一リットルと輸血九リットル（Bさんの血液量の二・五倍）を必要とした。

その後、両側の胸腔からの出血は減少したが、肺挫傷により酸素を取り込む力がさらに減少し、人工呼吸器の酸素濃度を一〇〇％（ちなみに空気の酸素濃度は二十一％）にして肺にかける圧を上げても、動脈血の酸素飽和度は生存安全圏ぎりぎりという状態が術後二日ほど続いた。

入院三日目、循環動態が少し落ち着いてきたので、無気肺治療のためのカイネティック・ベッド（ゆっくり左右にローリングすることで継続的に体位を変え、肺の背中側がつぶれて肺炎になったりするのを予防するベッド）に換えることができた。

入院七日目、フォローアップのＣＴ検査を行ったところ、外傷性下行大動脈瘤の大きさに変化がなかったため、その時点での厳しい呼吸条件と考え合わせ、保存的治療の継続により慢性期に持ち込むこととした。なお、左胸に上半分を占める大きな血腫が認められた。

入院九日目、ようやく人工呼吸器の条件が安定した状態になってきたので、翌日左胸をひどく圧迫している血腫を除去するため手術室に入る。ところが、血腫と思われたものは内出血して壊れてしまった肺そのものだった。当該部分は回復不可能であり、また感染源となる恐れが高いので、肺の上半分の切除が施行された。術後のフォローアップＣＴでは、肺炎は認められたが心配された外傷性下行大動脈瘤の大きさに変化はなかった。

幸いなことに入院十二日目、やっと消化管からの栄養吸収ができるようになった。腸管は、交感神経が緊張状態にある間は動かない。したがって、腸管が動き出したということは体が回復に向っている兆候である。なお、しばらく人工呼吸の継続が必要と判断し、呼吸を容易にするための気管切開を施行。その後、神経学的評価のためいったん鎮静剤を止めたところ覚醒したが、両下肢が動かず知覚がないことが判明した。

入院二十一日目、肺の状態が改善してきたので、カイネティック・ベッドから通常のICUベッドに変える。その後麻酔薬を止めたところ、意識が回復する。

入院二十二日目、日中に発熱があり胆嚢炎が見つかった。ベッドサイドで経皮的にドレナージ（炎症のもとになっている鬱滞した胆汁を体外に排泄するためにチューブを胆嚢に留置すること）を行った。

入院二十四日目、気管切開チューブを発声ができるチューブに入れ替える。発声用のチューブに酸素を流すと、Bさんは「人工呼吸器が気になります。だけど人工呼吸器が見えないと不安です」と言いながら笑顔をみせた。患者と意思の疎通がはかれるのは本当に嬉しい。ゆっくり人工呼吸器を離脱していくこととした。

翌日、意識がしっかりしてきたので精神科の診察を受けたところ、統合失調症、短期精神病性障害、心因反応という三つの可能性があげられたが、確定診断には至らなかった。この面談で、Bさんは「飛び降りは、自殺しようとしたものでなく、霊に乗り移られたためです」と言った。当時、うかつにも私はこの言葉にあまり注意を払わなかった。

入院二十六日目、かなり呼吸状態が改善したため、呼吸器は昼間は離脱し夜だけ用いることにした。その後、栄養チューブを抜いて自分で口から食べられるようになった。脊椎については脊髄損傷の症状が固定したため手術はしない方針となり、上肢のリハビリを開始した。

入院二十九日目の夜から人工呼吸器の使用を止める。そして入院一月目、本人の希望により精神科受診をしたところ、担当医の診断では一過性の精神病状態があったとしか表現できない、明らかなストレス因子も特定できないとのこと。したがって、その時点では特に治療を必要としないことになった。

入院六十四日目、一般病棟に転棟となった。移る日の朝、Bさんは私に「一般病棟に移れるそうです。これで重症の方にベッドをお譲りできます。有難うございました」と言った。

そして入院九十九日目、Bさんは日常生活の訓練のためにリハビリ専門病院に転院した。

Bさんは一年後、仙骨部の褥創の手術・治療のため先のリハビリ専門病院に再入院し、五ヶ月後に退院したそうです。

また、その四年後に、当院の心臓外科で外傷性下行大動脈瘤に対する人工血管置換術が施行されました。その日、私は偶然にも病院の最上階にある食堂で、母上、婚約者（後に結婚された）といっしょにいる術後のBさんと会いましたが、非常に明るく元気な様子でした。

さらにその二年後、Bさんは B さんの誕生日と同じ日に、当院で元気な女児を出産しました。

●Bさんの話

本書を執筆するにあたって、私はBさんに関する記憶に強く引っかかるものがありました。それは、来院時のBさんの異様な表情と、カルテの記録やその後に会ったときの様子からうかがい知れる明るく前向きな印象とのギャップです。

そのため、どうしてもBさんに直接会って、私の推測していることが正しいかどうか確かめたいと思い連絡したところ、Bさんは快く了承してくれました。

晩冬のよく晴れた日に、私はBさんのお宅を訪問しました。入院中や後日食堂で会った当時と同じように明るく元気そうなBさんが、バリアフリーに改装された玄関で私を迎えてくれました。

Ｂさんの住まいは、とにかく横に動きやすい。その中を歩く速度より速く、車椅子でスムーズに移動するＢさんの姿が印象的でした。居室では、調理台以外の家具・調度品類はすべてテーブルの上にのっていました。

Ｂさんによると、家を改装するにあたって様々な設計士に相談したけれど、十人目ではじめて「どういう生活をしていますか」という質問をしてくれた設計士にめぐり合ったとのこと。Ｂさんは設計士に、車椅子の生活では上下に動かなくていい（立ち上がらなくていい）こと、車椅子ごと足が入ること、が必要条件であると伝えたそうです。ただし調理台だけは、高くすると調理する作業が見えなくなり楽しさが損なわれるので、「見える」ことを優先したとのことでした。

ともあれ、私は早速Ｂさんに話を聞かせてもらうことにしました。以下は、Ｂさんの話です。

私は生来、いわゆる「金縛り」にあうことが多かったのですが、それはいつも起きているときでした。また、私は人に相談を受けることが多く、そういうときにはすごく感情移入してしまう。そんな性向も、金縛りのような現象を受け入れやすくしていたのかもしれません。

私の中に「他人」が入ってくるのをはじめて意識したのは、ある日ひどい金縛り状態になって自分の体が自分のものでないと感じたときでした。家族の中でこのような経験をしたものはいません。また、私は今まで向精神薬を服用した経験はありません。

私の実家は、かつて店を自営していましたが、私が高校生のときに父が亡くなりました。その後、母と六歳年上の姉が店を切り盛りしていたのですが、二人とも疲れて体調を崩し、母はひどい肩こりに悩まされ姉は胃が不調になりました。そこで二人は大船にある気功教室に通い始めたのですが、そのおかげか二人とも体調が回復しました。

私は二十歳のときに友人四人とＩＴ関連の会社を立ち上げました。業績は順調で社員も一五〇名ほどになり、とても忙しく働いていました。本当に土日も休日もなく働いていましたが、そのためか鬱になる人もいて私はよくそうした社員の相談にものっていました。

そんな環境に置かれていくぶん緊張気味だった私をみかねて、姉が自分の通っている気功教室を勧めてくれたため、そこに通うようになりました。気功を始めてから、緊張は和らぎ、体が暖かく感じるようになりました。

そこで、私は母と姉にも施術できるようになりたいと思い、この教室で集中的にトレーニングを積み、気功の技術を体得しようとしました。しかし、練功を続けていくと、やがて体が勝手に動きだしたり、勝手に手が字を書きだしたりするようになり、怖くなって通うのを止めてしまいました。

事故の九日前、今の夫と箱根に行ったときのことですが、私は無意識のうちに異様な絵が展示されている店に導かれるように入っていきました。店の中のそれらの絵を見たら急に気分が悪くなり、絵の中に閉じ込められそうになりました。そのとき、夫が私の様子が別人のようになっていることに驚き、私を引っ張って急いでそこを飛び出したため、事なきを得ました。

その後、頻繁に「他人」に直接話しかけられているような感じがするようになり、それが夜にまで及ぶようになったため、とうとう眠れなくなり疲れてへとへとになりました。そうこうしていると、ある女性が「あなたの体を借りたい」と私の頭の中に話しかけてきました。その女性に「出て行って」と言おうとすると、泣き落とされてなかなか毅然と追い出すことができませんでした。

その頃のことですが、電車に乗っていると気付かぬうちに記憶が途切れ、電車を乗り過ごすということがしばしば起きました。また、夫の信仰する宗教と異なる宗派の人が私につらくあたってきているようで、不安で不安でたまりませんでした。

そんなことが続き、自分が変だと気付いて何とか助けを求めたかったのですが、取り付いている「他人」に「あなたの夫に危害を加える。あなたをもっとひどい状態にする」と脅され、どうすることもできませんでした。

そんな状況の中、私は当時住んでいたマンションから実家に移り住むことにしましたが、母が留守の間に私が意識のないまま、元住んでいたマンションの八階の自分の部屋にいました。そして、そこからまさに飛び降りたとき、地上の景色が目に入った瞬間に意識が甦りました。

いつ自分が実家からマンションまでやって来たのかまったく記憶がなく、飛び降りようとした記憶もありませんでした。本当に、気付いたときには落下するところでした。

事故後、病院に搬送されてからの記憶もありません。回復後、救急外来で医療スタッフと言葉を交わしたとうかがいましたが、本当にまったく何も覚えていないのです。ＩＣＵで回復したときには普段の自分に戻っていましたが、このとき「自分が記憶を失っているときに人に危害を加えるようなことがなくて本当によかった」と、心から思ったものです。

いま振り返ると、自分には外から「他人」が入ってこれる「場所」があったのではないかと思います。ただ、夫は私の中に「他人」が入ってくるとわかるようでした。というのも、私が知るはずのない夫の事情について、私が普段とは違ったしゃべり方で話すからです。夫は、明らかにおかしいと思っていたそうです。ただ、夫はそうした現象を理解できず、どうしてよいかわからなかったため、とにかく私を一人にしないようにと考え、それまで住んでいたマンションから実家に移るように言いました。夫の父も、夫に私から離れてはいけないと注意していました。

ところが、たまたま母が留守のときに私は意識のないまま元住んでいたマンションに戻り、気が付いたら飛び降りる瞬間だったという次第です。

この事故があって以来、私は何としても一生懸命生きようという強い意志を持って過ごしてきました。そのせいか、以前のように「他人」に入り込まれるようなことはなくなりました。

しかし、事故の四年後の四月に大動脈の手術をした後、左の反回神経（著者注：声を出す一対の声帯のうち左側の運動・知覚を司る神経）麻痺により、声がかすれ咳がよく出るようになりました。それを心配した友人が、有名な気功治療院を紹介してくれたので、翌年の一月頃から気功の練習を始めると、ひと月ほどで体がぽかぽかするようになり、咳き込むことが明らかに少なくなりました。

ところが、その気功治療院の友人の気功師が、私が事故に至った経緯を知らずに、私の声のかすれや咳き込みといった「不調」を追い出そうと、私の頭に手をかざして気を入れたのです。するとその後、事故以来まったくなかった「他人」に入り込まれるという現象が再び起きてしまいました。幸いこのときは、その「他人」に対して夫が丁寧に話を聞いてやったため、納得して私から出て行きました。

気功を始めたことによって、それまで動かなかった下肢が、大腿が前後に揺れるように動き出すのが驚きでした。しかし、再び「他人」が入ってきたので、気功はもうやめることにしました。そして、それからは自分をしっかり持ち、「他人」に依存しないようにするとともに、あまり「他人」の話に引っ張られないように心がけるようにしました。その後、現在に至るまで「他人」が入ってくるようなことはなくなりました。また、夫の母が私の身に起こるこのような現象について深い理解を示してくれたので、とても有り難く思いました。

話は前後しますが、マンションから飛び降りた後、病院に運ばれたときのこと、そしてＩＣＵでの闘病中のことについて、もう少し話させてください。

墜落後、時間はまったくわかりませんが、意識が回復するまでの間に、自分が暗く冷たい海の底のようなところにいて、大勢の人が一人ずつ今そこにいる理由を誰かから聞かれている場面を覚えています。いざ自分の番になったときに、私は何がどうなっているのか理解できなくて答えられないでいると、「あなたはここへ来るべきではありません」と言われ、急に光が見えたと思ったら目が覚めました。

ＩＣＵでの闘病中は、必死で「治そう、治そう」と思っていました。人間、本当に必死のときには生きるようにできているものですね。そのとき私は「心も体ももっと生きたかったんだ」、「心で体をつぶしてはいけないんだ」と気付きました。

体がまったく動かないとき、自由が利くのは耳だけでした。ベッドサイドで誰かが音楽をかけてくれていたのが本当に安らぎになり、オペラのソプラノが心身にしみ込むようでした。このときは、苦しいながらも幸せな気持ちになりました。いろいろなモニターの警報音が鳴るのは不安でしたが。また、医療スタッフのみなさんが、私の耳元でいろいろ声をかけてくれたことを今でも大変よく覚えています。これは私にとってとても励みになりました。

ベッドの上でうつ伏せにされたことも、長時間のうつ伏せが苦しかったからよく覚えています。また、ベッドがゆっくりと回転する（著者注：入院後三日目〜二十一日目まで使用したカイネティック・ベッドの左右の往復運動）のも苦しく感じました。

目が開くようになってからは（まだ人工呼吸器に繋がっていて声は出ませんでしたが）、首にあまり力が入らず真正面つまり天井しか視野に入らなかったので、天井のシミを数えて時を過ごしました。苦しくなって鎮痛剤を増やされると、いろいろな生きものが見えました。

声が出せるようになる前ですが、かなり元気になって文字盤での意思疎通ができるようになっただけで嬉しかった。そして、話せるようになったときはすごく楽になり、話せるすばらしさを本当に痛感しました。

ただ、腰から下の感覚がないため本当に足があるのか不安になって、担当の先生に何度も質問をしてしまいました。

今、私は元気に日常生活を送っています。自分の誕生日と同じ日に生まれた長女が歩く練習をしているのを見ると、歩けない自分のかわりにこれから自分とは違った新しい人生を歩んでいくんだ、と本当に心から感動します。

かつての私は人の幸、不幸を見た目で判断していましたが、自分が今のような状態になってみてはじめてそれが誤りで、本人が自らの置かれた現実を受け入れ肯定していればそれでいいのだと知りました。

私は今、自分の置かれた世界のすべてを受け止めることができて、とても幸せです。「あるがまま」に受け止める。悪い状況は永遠に続くわけではなく、その後はより良いものが得られるんだと実感しています。辛いときには、病院のICUで医療スタッフの方々に声をかけてもらったように「大丈夫、大丈夫、大丈夫」と心に念じると、不思議に食欲がわき、ぐっすり眠れ、そして元気になります。

以上は、Bさんが私に話してくれたことを要約して書き留めたものです。

Bさんによると、いままでまわりにこうした現象を理解する人がいなかったために、自分の体験について相談できなかったとのこと。そして私に「墓場まで持っていかなければならないことだと思っていたので、今回思いがけず話を聞いて理解してもらい、とても嬉しいです」と言ってくれました。

自分の身に起こった厳しい現実をあるがままに受け入れ、「失ってはじめてその失ったものの本当のありがたさを実感しました。そういう意味ではこの事実は私にとってたいへんありがたいものでした」と、謙虚に淡々と語るBさん。

ここまでくるのに複数回にわたる手術を受け、リハビリもずいぶんと長く苦しい道のりだったはずです。また現在でも下半身不随による日常生活における不自由さを考えると、Bさんの辿り着かれた境地は本当にすばらしいものだと、私は大きな感銘を受けました。

Bさんは、まさに「病は道の入り口」を実践したわけです。

医者は病気を治せても寿命を変えることはできない。患者自身の生きる意欲によって生命は助かるのです。このような得難い出会いを経験すると、自分が医療現場に従事していて本当によかったと実感します。

ところで、Bさんの体験した様々な非日常的体験についてどう考えたらいいのか。

その昔、ユリウス・カエサルは「人は見ようとするものしか見ない」と言いましたが、正に至言だと思います。Bさんの行動や身に起きた現象は、現在の医学では説明できません。

二●自分の「死」を見つめる

みなさんは、体に危機が迫ったときに『体外離脱』を経験する、という話を耳にしたことがあるかもしれません。ここでは、この体外離脱体験について私が直接聞いた事例を二つほどあげてみます。

●Cさんの体外離脱体験

Cさん（五〇歳代の男性、会社経営者）は、二八年前の七月のある日、明け方五時頃に六歳年下の妹を助手席に乗せて、車で家に急いでいました。

以下は、Cさんの話です。

私が妹を乗せて車で家に向かっている途中、雨上がりだったせいで路面が濡れていてスリップしてしまいました。そのとき、車が空中に跳んだところまでは覚えていたのですが、その直後の記憶がありません。はっと気づくと、妹と並んで左後ろ十メートルくらい上から自分の車を見下ろしていました。車は、横に倒れた電柱に巻き付いて大破していて、その中は見えませんでした。周りは真っ暗で音はなく静かで、車だけが浮かび上がっていました。空中の私と妹も、闇を背景に上半身だけ浮かび上がっていました。

どれくらいの時間が経ったのか、短かったか長かったかわかりませんが、事故の現場をいっしょに上から眺めていた妹が、突然「お兄ちゃんはもどりなよ」と言いました。その瞬間、私は車の運転席に横たわった状態で目が覚めました。先ほど上から眺めていた通り左真横に電柱があり、妹は私の左肩に頭を乗せまさに息を引き取るところでした。

やがて救急車が来ました。救急隊員が私と妹のバイタルサインをチェックし始めたので、思わず私は「妹はもう死んでいるんだ」と叫びました。私は、救急車に移されるときにはじめて全身の激しい痛みに気付きました。その後、救急病院に搬入されましたが、退院できたのは六ヶ月後でした。

妹は、頭を電柱に直撃し即死でした。

現場検証した警察官から後で聞かされた状況は、まさに私が妹といっしょに空中から見た状況とまったく同じだったので、驚きはありませんでした。
思い返すと、事故の前日に家族で夕食を食べていたとき、妹が「私の戒名はどうなるの？」と妙なことを私に聞いたのです。妹がこのようなことを口にしたことは今までなかったのですが、話し方はまったく普通だったので、私も特に気にもとめず「うちは浄土真宗東本願寺派だから●●になるよ」と応えました。果たして妹がそのとき、翌日の事故を予見していたのかどうか私にはわかりません。

Cさんの事例は重篤な状態において、体外離脱をきたした例です。私は今まで、臨死時での体外離脱体験が語られた文献はずいぶん読んだし、病院での治療過程で体外離脱体験を語ってくれた人もいました。しかし、病院外で体外離脱体験をした人から直接話を聞くことができたのはCさんの事例が初めてでした。このCさんと次に述べるDさんの事例は、他者による蘇生や治療などの人工的処置を受けていない状態において、体外離脱体験を覚えている例です。

ともあれ、これほどひどい事故に遭ってCさんはよくぞ生きていたと思います。Cさんの場合、心肺停止して蘇生処置を受けたわけではないので、厳密には臨死とはいわないのかもしれませんが、このように瀕死の状態にありながら生還するような場合に体外離脱を体験する人がいることを実際に知ったことは、私にとって貴重な経験でした。

なお、後日談ですが、Cさんはこの事故から十二年後に十七歳の長男を自損事故で亡くされました。事故当日、警察の連絡を受けて出向き、自宅に長男の遺体を連れ帰って奥の間に安置しました。その晩深夜二時頃Cさんは、自分のいるリビングルームの入口に向かって外から足音が近づいてくるのを耳にしましたが、その足音は明らかに長男のそれでした。すると、開けたままの扉の外に長男が立っていたそうです。長男は、下肢までちゃんとありました。

そして長男は、「僕のバイクは？　僕のバイクは？」とCさんに訊いてきました。事故のショックでふさぎ込んでいたCさんは返答する気力もなく呆然と長男を見ていると、急に消えてしまったということです。Cさんはすぐに安置してあるはずの遺体を確認しにいったところ、長男は元の通り横たわっていました。以後、一度も長男の夢を見たことがないそうです。

Cさんは自分の体験を当時母親にだけ話したそうですが、母親に他人に理解される話ではないので決して口外しないようにと言われ、今回私が聞き出すまで三十年近く誰にも話したことがなかったと言っていました。

●Dさんの体外離脱体験

さて、その後私はCさんと同じような体験を持つCさんの友人のDさん（五〇歳代男性。会社経営者）と会うことができました。以下はDさんの話です。

七歳のとき、夏休みのある日のことです。私は自宅近くの市道を自転車で走っていました。目前の信号機のない十字路を突っきろうとしたところ、はっと気付くと右手からトラックが直進してきました。そして次の瞬間、私の眼前にトラックの底がありました。自転車ごとトラックの左後輪に巻き込まれたのです。

私の体は、倒れてつぶれた自転車とトラックのデフとの間で、サンドウィッチのようにに仰向けの状態で挟まれていました。眼前の景色がモノクロームになり、周囲が静止して見えました。痛みなどはまったくありませんでしたが、しばらくして気を失ってしまいました。

どれくらいの時間が経ったのかわかりませんが、気付いたら数メートル上から、交差点にトラック、壊れて引き出された自転車、そして白い帽子が血で真っ赤になってぐったりとした私を両手に抱えたトラックの運転手が立っている光景が、天然色映画のように見えました。まったく無音の世界でした。

その後、再び意識が途切れました。次に痛みで気付いたときは、病院の手術台の上でした。私は看護師達に取り押さえられ、医師がトラックに挟まれた左下肢中にたくさんめり込んだ小石を次々と取り除いているところでした。私は、すぐに意識がなくなってしまいました。

後で聞かされたところでは、頭蓋骨骨折、頭部挫創で洗浄後閉創されたそうです。状況から間違いなく脳挫傷もあったと思われます。

Dさんも C さんと同様、大人になるまでの間、この体験を誰にも話したことはなかったと言っていました。その理由は、わかろうとしない人やわからない人に話しても理解されないからだそうです。

三●登山家メスナー

身体能力に関して、走る、跳ぶ、泳ぐ、持ち上げる、という運動ついては、どれをとっても人間は動物に勝てません。

短距離走ならチータをはじめ、人間は陸上に生活するほとんどすべての哺乳類にかないません。跳ぶ力もインパラはひと跳び一〇メートルです。泳ぎだと、ツキノワグマのように流れの速い津軽海峡を一気に泳ぎ渡る力のある人間はほとんどいません。また、トラは二〇〇キロほどの牛をくわえながら走るといいます。これらはみな、動物が生きるために必然的に備わった能力です。

それでは、人間の運動能力で動物と比較して優れた能力はないのか。

実は、人間の長距離走の能力は、他の哺乳類に勝るのです。この長距離走の能力のおかげで、原人は効率的に動物を狩ったり、倒れた動物の肉を集めたりすることができたため、アフリカの草原で優位に立ったといわれています（『Bramble DM, Lieberman DE. Endurance running and the evolution of Homo. Nature.2004; 432:345-352』）。

さて、その長距離走の能力を、長時間高負荷運動が要求される「登山」に用いるのは、最も人間らしくかつ無意味な行為であると私は思います。高所登山は人間固有の行為であり、他の動物にはみられません。動物の中で唯一ヒマラヤ越えをするアネハヅルやインドガンは、渡りの季節に一気に飛翔するだけです。こんな高所をわざわざ脚を使って意味なく登ったり降りたりする動物は、当然のことながら人間の他にはいません。

登山とは人間の限界への命をかけた挑戦であり、考えられないような強い意志による行為です。これまで、このいかにも人間的な登山という行為の中で、様々なドラマが繰り広げられてきましたが、そこではときに我々の理解を超えた現象が起こります。

以下に述べるのは、ある超人的登山家の話です。

●超人メスナー

人類の精神的肉体的限界を拡げたという意味で、南チロル出身のラインホルト・メスナーの右に出るものはないでしょう。

メスナーは一九七五年、それまで不可能といわれていたアルパインスタイルによる八〇〇〇メートル峰の無酸素登頂に、ペーター・ハーベラーとともに人類史上初めて成功します。その後、一九七八年に同じくハーベラーとともにエヴェレスト無酸素初登頂、一九八〇年には北壁新ルートからエヴェレスト無酸素単独初登頂に成功。その後も次々に無酸素による八〇〇〇メートル峰登頂をしています。そして一九八六年、ついに史上初の八〇〇〇メートル峰一四座完登を成し遂げました。

メスナーは常に、酸素補給のような強力な人工的手段を用いず、しかも単独または少人数で古典的なスタイルによるクライミングにこだわり、その信念を貫き通しました。

彼は、龍村仁監督のドキュメンタリー映画『地球交響曲第一番』の中で、「山を征服したかったのでも、登れることを証明したかったのでもなく、ただひたすら自分を知りたかったのです。裸の肉体でもって死の地帯でどこまで命の可能性を拡げられるかを知りたかったのです」と述べています。

私がまだ学生だった一九七〇年代の生理学では、そもそもエヴェレストの頂上に人間が無酸素で到達するのは、厳しい低酸素血症になるため事実上無理であると考えられていました。それが、メスナーの壮挙の後に後述するような大規模な研究が行われ、エヴェレストのような超高所では毎分六〇〜七〇回といった極端な過換気により、肺胞の中の酸素分圧と肺毛細血管の酸素分圧の差が限りなく小さくなる（肺胞を満たしている水蒸気がほとんどなくなってしまう、また二酸化炭素分圧も通常の六分の一まで下がるため、これらの水蒸気と二酸化炭素による肺胞内の酸素分圧の下がりがほとんどなくなる）ことで、酸素の取り込みが生存ぎりぎりのレベルを維持できることが証明され、生理学の一頁が書き換えられることとなりました。

余談ですが、前年のアルパインスタイルによる八〇〇〇メートル峰ガッシャーブルムI峰登頂の衝撃が冷めやらぬ一九七六年、私は初来日したメスナーに彼がアドバイザーをしている登山用具店で偶然会ったことがあります。メスナーは、身長こそ一八〇センチメートルほどありましたが、手足が非常に細長く、体躯はむしろ華奢にみえました。ぱっと見たところでは、スポーツマンというよりヨガの行者のような印象を受けました。

メスナーは、私よりちょうど一回り年長の一九四四年生まれ。五歳のとき両親に連れられて登山を始め、一九六〇年代までにアルプスの名だたる岩壁の登攀を終えて、一九七〇年に初めてヒマラヤに挑戦します。「魔の山」と呼ばれるナンガ・パルバート（八一二五メートル）の世界最大の岩壁ルパール壁登攀に挑む大遠征隊への参加でした。

弟のギュンターと参加したメスナーは、先頭に立って漸次キャンプを設営していきますが、ベースキャンプから六四〇〇メートル地点に第四キャンプを設営するまでに三週間かかり、さらにその後も悪天候が続いたことから、いったんアタックを中止してベースキャンプまで下りました。

メスナー兄弟を含めた五人は、天候が若干持ち直したため再度アタックを開始し、第四キャンプまで登りました。そして正午に隊長と交信し、翌日の天気予報がわかりしだいベースキャンプから第五キャンプに向けて発煙弾を飛ばすことにしました。予報が悪天候であれば赤、好天であれば青と決め、赤ならばメスナーが単独で頂上を目指し、青ならパーティで出発することになっていました。夕方、メスナー兄弟とゲルハルト・バウアーの三人が第五キャンプに達したとき、彼らが目にしたのは空に打ち上げられた赤い発煙弾でした。

翌未明、予定通りメスナーは単独で登攀を開始します。持ち物は、発泡性飲料錠剤のパック、ドライフルーツ、そしてカメラだけでした。

ところが、下りのためのザイルを固定するはずだった弟のギュンターが、なぜだかメスナーの後を急ピッチで登ってきて、昼前には追いつきました。そして一七時に二人で登頂を果たし、一時間の頂上滞在後、下山を開始しました。

しかし、彼らの体力は限界に達していて、特にギュンターは兄に追いつくための無理がたたって疲労の極致にありました。しかも、ザイルはありません。そのため、同じルートを下るのは困難なので、彼らはなるだけ早く下りられるルートを探しながら、西のメルクル・コルへ出て夜を迎えます。兄弟は、雪面に露出した岩の隙間に潜り込み、体を寄せ合い最悪の夜を過ごすことになりました。気温はマイナス三〇度Cを優に下まわり、彼らを寒さから守ってくれるのは一枚の断熱ホイールだけでした。ギュンターは意識が混濁し、時折身につけるものを必死に探し回りました。八〇〇〇メートルの高高度での無酸素ビバークでは、気を緩めて末梢血管が広がると体温喪失により死を招くので、不眠不休で足を動かし続けなければなりませんでした。

明け方、メスナーは救助を求めて下のキャンプに向かって一人で下りだしました。すると途中で、天候が持ち直したためか下からフェリックス・クーエンとペーター・ショルツの二人が登ってくるのが見えました。メスナーは、てっきり彼らが救助に来てくれたと思って、大声で呼びかけました。しかし、メスナーと二人の間は谷で一〇〇メートルほど隔たっていて、二人は気がつきません。そして、二人はそのまま頂上へ向かって行ってしまいました。

メスナーは引き返して、助けを得られなかった顛末をギュンターに話し、ルパール壁と山の反対側の、より易しいディアミール壁を二人で下ることを決意し下降を開始しました。兄弟は極限の疲労状態にあって決死の下降をし、六五〇〇メートル地点での再ビバークの翌日、日中にやっとの思いで壁の基部まで下りてきました。先に下りたメスナーは、途中にある小川で三日ぶりの水を飲み、後から来るはずのギュンターを待ちますが、いつまでたってもギュンターは下りてきません。メスナーはあたりを探し、元来た氷河を引き返してみると、新たな氷雪崩の跡がありました。一晩をかけての捜索も空しくギュンターはついに見つかりませんでした。

その後、メスナーは氷河を下り草原に出ますが、再度氷河を引き返しギュンターを探し続けました。そして、日が沈む頃になって雪崩の跡を見つけました。彼はそれでもあきらめきれず、一晩中弟を探し求め、その日も待ち続けました。

メスナーは翌日（第五キャンプを出て五日目）午後にようやく麓の村にたどり着き、五日ぶりに村人からもらった食べ物（パン一枚）を食べました。

後になって彼は「弟の死を克服するために、彼の死を僕の生命の一部であると考えるまでには、何年もの歳月を必要とした」（『生きた、還った』東京新聞出版局）と述べています。

●メスナーの不思議な体験

ところで、ラインホルト・メスナーは、その長い登山歴の中でいくつかの不思議な体験をしています。

メスナーは、ディアミール壁を下降中に八〇〇メートル墜落したとき、自分の体から魂が離脱したことを意識し、自分の体が山を転がり落ちていくところをはっきりと目のあたりにして、もう一人の冷静な自分が存在していることに気付いたと言っています。

「人間は実は二つの違う次元の中を生きている。その一方は、ふだんは見えない。この体験が私の人生の最も重要な体験になったのです」と述べています（『地球交響曲第一番』）。

Cさん、Dさんと同様、危機的な状況において、体外離脱を認識していたのでしょう。

また、多くの墜落体験に関する調査でも、まったく同じような体外離脱体験が報告されています（ラインホルト・メスナー『死の地帯』）。

メスナーは、一九七〇年にナンガ・パルバットで弟ギュンターを亡くしてからは、そのショックからなかなか立ち直れず、何度もこの山に挑んでは敗退しました。しかし、一九七八年、史上初のエヴェレスト無酸素登頂の後、とうとうこの山の再登頂に成功しました。彼は「自分のアルピニストとしての生涯の最も大きな飛躍を敢行することができた」（『生きた、還った』）と語っています。

さて、先の一九七〇年のナンガ・パルバットからの脱出行ですが、メスナーは、最終キャンプ出発から登頂、そしてディアミール壁三〇〇〇メートルの決死の下降により、その基部に降り立つまでの三日間、まったく水を飲んでいません。高所の無酸素登山では、激しい過換気になる呼吸だけでも大量の水分を失い、著しい運動量とあわせて、この三日間の水分喪失による体重減少は一〇kg（彼の体重の一五％）を優に上回ったと思われます。

生理学の常識では高温環境や激しい運動により体液が体重の二〜三％失われると運動能力や体温調節能力の低下がみられ、五％以上失われると、循環不全とそれによる脳の機能不全により生命の危険があるということになっています。この三日間の無酸素での登攀と相まって、体組織の酸素不足は想像を絶するものであったと思われます。まさに、「生きていること自体が不思議」だったわけです。

無酸素登頂に関しては、一九八一年にダウラギリI峰に単独登頂した禿博信（八〇〇〇メートル峰の単独無酸素登頂ではメスナーに次いで世界で二人目）が、登頂後一年ほど著しい意欲の減退を経験したと言っています。

また、同じ一九八一年、世界的に著名な米国の呼吸生理学者ジョン・バーナード・ウェストたちによって、実際にエヴェレストで実施された無酸素登頂実験では、ほとんどの隊員が下山後一二ヶ月以上にわたって中枢機能、特に運動機能の低下が続いたと報告されています（『The 1981 American Medical Research Expedition to Everest』）。これは、おそらく高所での極端な過換気で動脈血炭酸ガス濃度の低下が起こり、それによって脳血管が攣縮して血流不足をきたすせいだと考えられます。

その他、四〇日間の低圧室における滞在実験を行い、最終的に七日ほどエヴェレスト頂上と同気圧にした研究では、五人中三人に認識力の低下が認められています（『Cognitive performance deficits in a simulated climb of Mount Everest:Operation Everest II. Aviation Space and Environmental Medicine. 1989; 60: 99-104』）。

メスナーのエヴェレスト単独登頂後に始まった、こうした大規模な高所生理学的研究によって初めて高所における様々な知見が得られました。そして、これらの実験から高所登山を成功させるための鍵は「高所順応」であり、高所順応には七七日という日数（三一日や三六日では不十分『Respiratory Physiology 1988; 74: 323-333』）が必要となることがわかっています。

メスナーの登山は、冷徹な意思と比類なき強い意志に支えられています。しかし、彼は一九八〇年に人類初のエヴェレスト単独登頂に成功したとき、以下のような体験をしたと言っています。

「極限の疲労感の中で雪の上に一人で横たわっていると、突然自分の横に少女が座っているのに気付きました。自分が話しかけるとその少女ははっきりとした声で答えました。幻覚でもない、自分自身と話しているのでもない、実体のあるものが自分の横に座っていました。僅かに残った理性で否定しようとしても、彼女は語りかけてきました。結局、自分のすることは何でも彼女に相談しました。もし彼女がいなかったらあの遠征は失敗に終わっていたでしょう」（『地球交響曲第一番』）

近年このような極限状態における謎の存在の出現が「サードマン現象」と呼ばれるようになりました。

メスナーは常々「スピリット（霊魂）、マインド（心）、ボディ（体）の調和こそが人間本来の姿である」と言っています。彼の言によれば、このスピリット、マインド、ボディの調和が乱れたときに病をきたすということになります。

●臨死体験

「体外離脱体験」に関してより多くの報告がされてきたのは、いわゆる「臨死状態」においてです。臨死体験に関する報告の多くは、患者が蘇生中であるとき、病院内で手術中に重篤な状態になった場合、あるいは病院外でも容態が悪いときの睡眠中などにおいてです。

この臨死体験をはじめて研究対象としたのは、精神科医ラッセル・ノイエスで、一九七〇年代初めのことです。彼の研究は、それまで超心理学で行われてきた臨死研究を医学で行うようになった、および臨死体験者への直接面接により臨死を調査したという点で画期的であり、以後の臨死研究を方向づけました。

さらに、終末期医療の創始者エリザベス・キューブラ＝ロスによって、臨死体験は一般にまで知れ渡りました。そうした状況の中で、レイモンド・ムーディの最初の著作『かいまみた死後の世界』は世の中に驚くほど好意的に受け入れられました。この本でムーディは、臨死体験について一五の共通要素を抽出し、その後に出版された『光の彼方に』で以下にあげるような一〇項目の特徴を述べています。すなわち、臨死体験とはその一〇項目のうちのいくつかを体験することと定義付けられています。

①自分が死んだという感じ
②安らぎと苦痛からの解放
③肉体離脱（体外離脱）体験
④トンネル体験
⑤光の人々
⑥光（最高位の光の存在との遭遇）
⑦一生を振り返る（走馬燈的体験）
⑧急速に天空へ昇る
⑨戻ることに対するためらい
⑩時空の感覚がなくなること

レイモンド・ムーディは、バージニア大学で哲学を学んだ後、三年間の教鞭生活を経て一九七六年にバージニア医科大学で博士号を取得しています。彼は、バージニア大学に在学中の一九六五年に、初めて死後の世界の体験談を聞いたのがきっかけで、「死後の研究」に入ることになりました。

ムーディの発表後、マイクル・セイボムの大規模な前向き研究（"Near-Death Experiences" Journal of the American Medical Association 1990; 244:29、『あの世からの帰還』、『続あの世からの帰還』）をはじめとして、多くの人々により幾多の研究がなされてきました。

特に『続あの世からの帰還』の中で述べられている三五歳女性の超低体温下（人工心肺で体温を一五・六度Cまで下げた）脳動脈瘤手術では、通常の手術時のモニタリングの他に脳波や聴性脳幹反応（脳幹の機能をみる）を厳密にモニタリングした状況下で、明らかに脳の機能が停止した状態における「臨死体験」が詳細に描かれています。

また、臨死体験をした人々の多くがその体験後に「死」を怖れなくなること、前向きに人生を生きるようになったことなどが報告されてきました。中にはメルヴィン・モースの『臨死からの帰還』やケネス・リングの『霊界探訪』で述べられている事例や、落雷が頭から体を貫き床に落ちるといった、とても助からない事態の中で臨死体験をしたダニオン・ブリンクリーのように、その体験後に相手の心を読める「テレパシー」、相手に起こった出来事がわかる「透視」、これから起こることを予測できる「予知」といった超能力（霊力）を獲得する事例（ダニオン・ブリンクリー『未来からの生還』、『続未来からの生還』）まであるようです。ちなみに、ブリンクリーの超能力に関しては、先述したレイモンド・ムーディによって検証されています。

こうした事例の積み重ねをみていると、現実離れした臨死体験に対して初期の頃いわれていたような「脳の薬理学的作用により起こる脳内現象」といった一過性の現象とは異なるようです。

米国の成功した実業家であるロバート・アラン・モンローや、東京大学で物理学を専攻した坂本政道のように臨死体験がなくても偶然に体外離脱を経験し、その後自分の意思で体外離脱できるようになった人々や、後述するエマヌエル・スウェーデンボルグのように霊的体験の後に自由に体外離脱できるようになった人物の報告もあります。

坂本政道は、自著『体外離脱体験』の中で、自分は徹底した物質論者であり精神活動も含めてすべての現象は物質とエネルギーで説明できると固く信じていたが、自ら体外離脱を何度も体験したことから、自分の考えが間違いだったこと、人間の本質は肉体から独立して存在する非物質のものであることを感得した、と述べています。彼の客観的かつ詳細な記述には、非常に説得力があります。

四●声

前に述べたように、大学在学中の私は、卒業後は登山関係の医療に従事したいと考えていました。当時の私にとって、登山は生活の一部といっても過言ではなかった。生活の優先順位は、一に登山およびそのためのトレーニング（金沢から一〇キロほど南の倉ヶ岳という小さな山での岩登りのトレーニングを含めると年間二〇〇日ほど行っていた）、二に生活費を稼ぐためのアルバイト、そして最後が学業。

また、冬季登山は入山期間が長くなるので、受けられなかった試験は翌年に下級生に混じって受けるという有様でした。

冬季登山についていえば、大学時代の前半は南アルプス、後半は北アルプスを中心に活動し、いつも単独行でした。単独での登山に特に理由はなく、たまたまいっしょに行ける友人がいなかっただけです。

ただ、一人だと事故が起きても誰も助けてくれるわけではないので、自分なりに周到な準備を心がけていました。在学中の六年間、下宿には冷暖房を入れず、公の場に出る以外は雪が降る冬でも素足にサンダルで通し、近くの丘で一五キロ走るのが日課でした。走る方は大したことはなかったけれど、耐寒能力に関してはなかなかいい線までいき、登山をするうえで実際に役に立ちました。

今振り返って登山をしていて本当によかったと思うのは、雨風をしのげて寒い思いをせず、三度のご飯が食べられるだけで、十分満足できることです。特にそれ以上の贅沢をしたいとは思いません。普段の生活の中でどんなに厳しいことがあっても、登山のような生死の極限状況から比べると、まったくどうってことはない。

こうした感覚は登山に限らず、ヨットや小舟で海洋を渡ったり、極地旅行などのように、大自然に徒手空拳で立ち向かう人たちに共通しているのではないかと思います。

ともあれ、これほど登山に入れあげていた私でしたが、以下に述べる死に直面した二度の墜落・滑落事故を体験した後、現在に至るまでまったく登山をしなくなりました。

●最初の墜落

昭和五四年三月の冬季登山のときのことです。

私は杓子尾根から白馬岳に上がり、そこから杓子岳、白馬槍ヶ岳、不帰嶮、唐松岳、五竜岳と踏破して八峰キレット小屋宿泊、そこから鹿島槍ヶ岳、針ノ木峠、烏帽子岳、槍ヶ岳を越えて南岳まで縦走する予定でした。

白馬岳からキレット小屋に宿泊した二四日まで、不帰嶮と五竜岳を越すとき以外はずっと吹雪でしたが、二五日の朝もやはり吹雪だった。

単独登山だと背負える装備に限界があるので、私は長い日数を要する山行では、基本的に悪天候でも休まず行動していました。

冬に低気圧が真上を通過するときなどでも、急激に気温が低下し、ときに風速四〇メートルにもおよぶ突風の吹き荒れる中を行動しました。風速四〇メートル近くになると耐風体勢をとっても、一月分の食料と燃料を詰め込んだ四〇キロの荷を背負って一〇〇キロあまりになった体が簡単に浮いてしまい、バランスをとるのも困難です。また、体感温度は風速一メートルにつき一度C低下するといわれますが、高度三〇〇〇メートルの冬の稜線では氷点下七〇度C近い体感温度になります。

視界は、何とか二〇~三〇メートルはありました。

私は、いつものようにオートミールと一リットル近くのココアという朝食をとり、小屋を後にしました。

小屋の南の八峰キレットの下降点の岩は、露出していた。私は、まず下ろしたリュックが突風で飛ばないよう、ピッケルで雪面にしっかり固定してから、この岩のビレーポイント（支点）にシュリンゲ（ロープで作った輪）をセットし、それにザイルを掛けてキレットの最低点に向けて落下させ、身ひとつで安全確認をしながら懸垂下降（ザイルにぶら下がって下降）しました。それから岩を登り直し、リュックを背負ってもう一度懸垂下降しました。そしてザイルを回収し荷造りをした後、すぐにリュックを背負ってキレットの最低点の短い鉄でできた足場を渡り、鹿島槍ヶ岳北峰（二八四二メートル）に向けて登り始めました。

後はもう面倒なところもなく、鹿島槍を越せば樹林帯の中の快適な冷池山荘、楽勝だという思いから、どこか気持ちに緩みがあった。吹雪で視界はよくないものの、風速はせいぜい二〇メートル／秒程度で、私は黙々と登るだけでした。

本来の夏道がある岐阜県側の雪壁は、四五度くらいの傾斜があります。初めは無心に登っていた私ですが、足が傾いて少し痛かったので、途中から手を抜きなるべく雪庇の根元ぎりぎりの、傾きが最小に近いところを辿って登っていきました。これが、結果的にはまずかった。

そのうち、吹雪がひどくなってきて視界が悪くなってきたので、とにかく足下の雪庇と本来の稜線との境目に注意しながら、ひたすら登りました。いくら吹雪いているとはいえ、鹿島槍の頂上までは時間にするとわずか三時間です。私は気合いを入れ、目を皿のようにして足下に注意しながら、快適な冷池山荘を思い浮かべ登り続けました。

二時間ほど登り、やれやれもうすぐ北峰かと思ったそのとき、ドォーンという音とともに私はいきなり高速エレベータで急速度で下降したような感覚に陥りました。登ってきた稜線が、一メートルほど横を飛び上がっていく。私ははっと気がつきました。鹿島槍北峰北壁に張り出した雪庇を踏み抜いたのだ。北壁は六〇〇メートル下まで切れている。滑落の出だしはチムニー状（縦に割った煙突の中を墜ちているような状態）で、あっという間にスピードがつき、とても止められない。

私は、よりにもよって最もやってはならない場所で雪庇を踏み抜くという、まさかの不覚をとってしまったのです。墜ち始めたとき、ほんの一瞬でしたが、この私がこんなところで墜ちるのかと情けなく思ったこと、そして母の顔がよぎり申し訳ないと思ったことを覚えています。また、墜ちた場所が場所だけに、絶対に助からないだろうと瞬間的に観念もしました。

その後は、猛烈なスピードで壁を墜ちていく中で、この先には何がくるのだろうという思いがすべてでした。ただ、不思議なことに、墜落中は不安、恐怖、後悔といった感情がまったく生じませんでした。

まわりは白一色、吹雪で何も見えない。最初は比高六〇〇メートル余り、斜度六〇〜七〇度の大雪壁を数十メートルごとに雪面に衝突しながら墜ちていきました。ドッシーン、ドッシーンというものすごい轟音とともに衝撃で雪壁が砕け散る。私の体は、雪の上をサーフィンをしているように、宙に放り出されてはまた雪面にバウンドする、という状態を繰り返しながら墜ちていきました。本当に、それまで経験したことのない異常なスピード感で、痛みなどまったく感じる余裕はありませんでした。

そうこうするうちに、突然真正面から壁に激突したような衝撃を感じ、気付いたら一抱えほどもあるものから子どもの頭くらいのサイズまで、大小様々な大きさの氷雪ブロックに埋め尽くされたデコボコの斜面を、体中が変形しそうな状態でブロックに衝突を繰り返していました。

私は、北壁基部の比高約四〇〇メートル、斜度四五度ほどのデブリ（雪崩によって落ちてきた氷雪ブロックが溜まったところ）の上を、カクネ里（鹿島槍ヶ岳北峰に突き上げる大川沢の源頭）に向かって、押し出されていきました。

なにしろ、スピードがものすごいので止まらない。体はうつ伏せだったような気がします。

私は、こうしてさんざん押し流された後、突然強烈な衝撃を受けると同時に目の前が真っ暗になりました。私は大人になってから、自転車に乗っているときに車にぶつかられた体験が二度ほどありますが、それとは比べものにならないくらい、この衝撃はくまなく全身に及ぶ強いものでした。とにかく、経験したことのない力で私の体は押しつぶされ、私は無意識のうちに必死でもがいていました。すると、目の前がパッと明るくなり、息をすることができました。そのとき私は、頭を下流に向けてうつ伏せに雪に埋まっていたのですが、どうやら雪の上に出ていた両手が本能的に頭上の雪を掻きどけて頭を掘り出し、そのまま肩から上を出して助かったようでした。その間、ほんの二～三分のことで、苦しさを感じる間もない出来事でした。この調子ならたぶんそのまま死んでもきっと苦しくなかったと思います。

墜ちた時間こそほんの数十秒間でしたが、稜線からの比高は一〇〇〇メートル、距離にして一二〇〇メートルにもなります。ちょうど、東京タワーを三つ縦に重ねた高さの斜面を上から下まで墜ちたことになる。決して助かる状況ではない。助かっていいわけがない。

滑落が止まってしばらくして、ふと「自分はなぜ助かってしまったのだろうか、フェアじゃない」という思いにとらわれました。素直な喜びの感情は湧かず、何かずるいことをしたような後ろめたさを感じたのです。いま思い返しても、不思議な思考でした。

さて、我に返った私は、そこが雪崩の巣ともいえるカクネ里であることに思い至りました。谷の両側は、いつ雪崩が起きてもおかしくない。「危ない」と即断し、自分の体を確かめる間もなく脱出にかかりました。ワカンを履き、とにかく谷を下ろうと、股までもぐってしまう重い雪をラッセルしながら必死で下り続けました。

どのくらい時間が経ったろうか、カクネ里がシラタケ沢と出会う手前まで来たとき、深い雪の奥底に水流を見つけました。両側が切り立った谷は狭く、谷の際は雪が深く雪崩の危険がある。かといって谷の中央を行くと、下の流れに落ちる可能性がある。やむなく私は右手にそそり立つ天狗尾根を乗り越えることにしました。

比高五〇〇メートルの樹林帯を急いで登る途中で、初めて左手首の強い痛みと腫れに気付きました。幸いにも我慢ができる程度の痛みだったので、そのまま必死で休みもとらず登行を続けました。

そうして、日没直前にやっとの思いで天狗尾根の末端一八八〇メートル地点まで登りつきましたが、その頃には吹雪も収まり、日も落ちかけていたので、そのままそこで設営することにしました。詰まった荷でパンパンに膨れあがっていたはずのリュックは、降ろしてみると薄くなってシワシワになっていた。テントを出そうと開けると、コッヘル（アルミ製の食器）セットがペチャンコになっていて、滑落時の衝撃の大きさを改めて思い知りました。

テントを設営し夕食を食べ終わった頃、体中の痛みに気がつき、確認してみるとまさに全身痣だらけ。どうして助かったのか、本当に不思議だった。

翌日は、晴れ。私は、何はともあれ鹿島大谷原部落までたどり着こうと考え、天狗尾根をラッセルしながら登り、一九五〇メートル地点で東に下り、ニゴリ沢を経て大川沢に出ることができました。ここで幕営し、翌日何とか昼前に大谷原に着いたのでした。

文字通り九死に一生を得た私でしたが、このときは愚かにも墜落と生還の意味を考えることもなく、縦走の継続しか頭にありませんでした。

というわけで、私はいったん信濃大町に出て必要物品を購入し、休息をとって態勢を立て直し、残りの縦走を再開すべく、葛温泉に向かいました。

その後、今度こそ単純なミスを犯さないよう気を引き締め、左手首の痛みをおして後半戦を再開。日数の関係で中間部の鹿島槍ヶ岳～烏帽子岳を省略して、烏帽子岳、野口五郎岳、鷲羽岳、三俣蓮華岳、双六岳、槍ヶ岳、大喰岳、中岳と縦走し、南岳から西尾根を下って新穂高温泉に着きました。

この後半一週間余りの山行では途中で誰にも会わず、槍ヶ岳の頂上も独り占め。いま振り返ると、まったく能天気という他ありません。

●二度目の失敗、滑落

さて、前回死に直面したにも関わらず、私は雪辱を期して同年十二月、性懲りもなくまたしても登山を強行します。今回は鹿島槍ヶ岳から南下して、前回省略した針ノ木峠、蓮華岳、船窪岳を経て烏帽子岳に達し、さらに三俣蓮華岳を経て槍ヶ岳まで縦走するという計画でした。

昭和五四年十二月二二日、大谷原を出発した私は、赤岩尾根を登って冷池小屋から鹿島槍を往復後、南下して二六日スバリ岳と針ノ木岳の鞍部で幕営しました。そして、その翌日早朝に出発し、針ノ木岳頂上直下の雪壁を登っていたときでした。突然左足が滑って、私はとっさにピッケルで体勢を支えました。履いていたアイゼンのサイズが合わず、靴底から外れかかったのです。

実は、いままで使っていたアイゼンの爪先の摩耗がひどかったので、他社の新しいアイゼンを購入し、試用することなくいきなり今回の登山に使ってしまった。これが、敗因となりました。

私は、アイゼンを何とかはめ直して再び登り始めましたが、しばらくするとバキッと音がして靴が脱げてしまい、そのままバランスを崩してしまいました。どうやらアイゼンの本体と踵の部分を繋ぐジョイントが折れたようで、踏ん張りが効かず、うつ伏せの格好で雪壁を滑り落ちていきました。そのまま止まらなければ、一〇〇〇メートル下の小スバリ沢まで落ちていくばかり。

私は、眼前を流れていく岩の間に両手で必死にしがみつきました。止まった。岩登りのトレーニングとして、指懸垂で握力と腕力を鍛えていたのが思わぬところで役立った。足元をみると、左足のアイゼンはなくなっていました。

止まった場所は、針ノ木岳北斜面二七〇〇メートルあたり、風雪の中で数十メートル北に稜線がかろうじて見えるような状況でした。

立とうとすると左膝に力が入らず、立つだけでも痛い。止まる直前に岩で左膝を打ったようでした。それでも、私は気合いを入れて硬い雪壁をバランスをとりながらキックステップで登り、何とか稜線に出ることができました。

それから先は、本来ならば赤沢岳とスバリ岳の中間まで戻って東に派生するビョウブ尾根を下りるのが安全なのですが、そのときは左膝の痛みがひどく歩くのもやっとという状態だったので、雪崩が起きないことを祈ってそのまま稜線の東側を座ったまま滑り降りることにしました。

比高四五〇メートル、斜度三三度の谷を、大滑り台を滑る子どものように、針ノ木雪渓と呼ばれる谷まで一気に滑り降り、その先は傾斜が緩く滑れないので、左膝の痛みを泣く思いでこらえラッセルしながら下りました。

どうにか谷を下り大沢小屋が見えるあたりまできて一安心すると、次はどうしようかなどと考える余裕が出てきました。そして大沢小屋を過ぎる頃には、連続して二度も落ちたにも関わらず、またもや再挑戦することを考え始めていました。考え出すと楽しくなり、いろいろな案が思い浮かんでくる。来る三月の休みは大学生活最後の冬山になるので、バッチリ決めたいと思いました。

さて、ようやくバスの発着する扇沢駅の手前まで来て一息つき、立ち止まっていままで辿ってきた岩小屋沢岳から鳴沢岳、赤沢岳へと連なる稜線の方向を何気なく眺めていたときのことでした。突然、岩小屋沢岳の方角から、

「もう山には来るな」

という谺《こだま》のような声が聞こえました。私はハッとして思わずあたりを見回したけれど、もちろん誰もいない。幻聴？　いや、はっきりと聞こえた。瞬間、すべての思考が停止しました。

しばらくすると、私は、まるで憑きものが落ちたように肩の力が抜けて気が楽になり、「山はもう止めた」と即断しました。これまでの執着はいったい何だったのか。不思議な感覚でした。

ついさっきまでの、冬山への再挑戦に思いをめぐらし浮き立った気持ちは跡形もなく消え失せて、私は一刻も早く下山しようと思いました。

今回の事故では精神的なダメージはまったくなく、それ以後同じような「声」を聞くことはありませんでした。どう考えてもあの「声」が幻聴だったとは思えません。

ともあれ、下山した後現在に至るまで、登山をしたいと思うことは二度とありませんでした。

仕事というわけでもなく、また誰に強制されるわけでもないのに、当時の私はとにかく登らなければ、という思いに捕らわれていました。今考えても、なぜそうだったのかわからない。あの頃やっていた登山は、自分の身体能力の限界に近いものでした。万一失敗すれば、間違いなく雪に埋もれて一巻の終わりといったことをやっていた。毎年冬が近づくと、出発するまでは、山に登れるという期待と生還しなければならないという気の重さが同居した、複雑な思いになったものです。

ただ、出発してしまえばそうしたモヤモヤは吹っ飛び、無心に登りました。余計なことを考えずに無心になれるのは登山の大きな魅力です。また、冬季の登山で人に会うことはまずなく、この広い大自然の中で生きている人間は自分だけだという昂揚感もありました。しかし、こうした登山に魅せられる一方で無意識のうちに自分を追い込んでいたのでしょう。あのまま登山を続けていれば、私は間違いなくいつか事故死をしていたと思います。

あれから三〇年経った今、時折考えることがあります。あの体験は何を示唆していたのか。なぜ、二度も助かったのか。あの「声」は何だったのか。性懲りもなく愚かしい行為を繰り返す私のような者にも、まだこの世界でやらなければならない役割があるということだったのか。

もとより、たかだか凡人の私に、摂理の意思が明確にわかるはずもありませんが、あの体験によって私が大きな啓示を受けたことは確かです。

以後、私は無我夢中で自分の仕事に没頭することになります。

五●母との対話

私自身に関しては、先に述べた二度の登山事故に際しての体験の他に、もう一つ母にまつわる不思議な体験があります。

ここでは、私の父母の晩年の話とともに、その体験について述べてみます。

●父の晩年

私の両親は、二人とも大正生まれのごく普通の市井の人でした。

大正一四年生まれの父は、体は華奢でしたが運動神経がよくて身のこなしが軽く、無鉄砲なところがありました。

父は、実家のある横須賀近辺に、幼い私をよく連れて行ってくれましたが、今でも思い浮かぶ印象深い光景があります。

私が小学校に上がる前のある日、父と二人で横須賀新大津に住んでいる祖父母に会いに行くため、京浜急行横須賀中央駅で湘南久里浜行きの電車を待っていたときのことです。

駅のすぐ手前のトンネルの出口に電車の前照灯が見えてきたとき、突然突風が吹いて目の前にいた女の子の帽子が飛ばされ、線路の上に落ちてしまいました。泣きそうになっている女の子がかわいそうでしたが、どうすることもできない。「ああ、帽子が轢かれてしまう」と思ったその瞬間、私の横から誰かが線路に飛び降りたのです。電車はもうそこまで来ていて、警笛を必死で鳴らしている運転手の引きつった顔が見えました。ハッとして見たら、なんとそれは父だった。

危ないと思ったその瞬間、帽子を拾い上げた父は義経の八艘飛びよろしくヒラリとホームに飛び上がりました。轟音を響かせて滑り込んで来た電車を尻目に、父は軽く帽子の埃をはたいて何事もなかったかのように女の子に渡すと、呆気にとられて見ている大勢の乗客には目もくれず、悠然と私の手を引いてその電車に乗り込みました。

今から考えると、本当に無鉄砲極まりない、というか匹夫の勇といったところでしょうが、当時の私はそんな父を見て、子ども心にとても頼もしく思ったものです。

父は、大学生のときに結核性胸膜炎で八年間ほど臥床療養をしましたが、それ以後は一度も医療にかかったことがありません。よほど医者が嫌いだったのでしょう、自分から病状を話すことはとうとうありませんでした。

昭和四六年、私が高校に入ったのを契機に喫煙を止めた父は徐々に太りだし、身長一六三センチで五〇キロだった体重が六〇キロほどになりました。平成四年には、会社の検診で糖尿を指摘されました。私は、虚血性心疾患の診断治療のためのカテーテルができる市立病院での受診を何度も勧めたのですが、父はとうとう行かずじまいでした。そのうち、労作時胸痛がひどくなり、平成一〇年に会社を辞めることになります。さすがにそのときはかなり強く受診を勧めましたが、父は頑として受け付けませんでした。

そして、平成一四年二月一一日の夜、母が電話で父の容体がいよいよ悪くなったと言ってきました。状況を聞くと、どうやら鬱血性心不全のようでした。

私は新幹線に飛び乗り、父母の住む新富士駅に向かいました。

鬱血性心不全だとすると、既往・経過から冠動脈が三本とも枯れ枝状に細っていると推定され、先に冠動脈の一本をバイパス手術し、その後残りの二本を心臓カテーテルで開くといったきわどい手術が必要になると思われました。

このような場合の治療は、腕の良い心臓カテーテル医と冠動脈バイパス手術が得意な心臓外科医が両方揃っていて、なおかつ緊急手術が可能な病院でなければなりません。そのため、私は国立循環器病センター時代の後輩で、大和成和病院心臓血管外科部長の職に就いていた南淵明宏医師（現在、医療法人社団冠心会大崎病院東京ハートセンター長）に緊急入院を依頼しました。

私は、途中で心臓が止まったらそのときは天命だと開き直って父をレンタカーに乗せ、東名高速を神奈川県の県境まで走り、そこで救急車に乗せかえて移送し何とか病院に駆け込みました。搬送途中の父はショック状態で相当苦しかったはずですが、一言も声を発することはなかった。

休日の夜にも関わらず、南淵医師たちは救急外来の入り口で待機していてくれました。すぐに私も手伝って心不全の治療を開始し、ＣＣＵに収容しました。いったん心不全を改善させてから心臓カテーテル検査を行うという段取りでしたが、一四日には心不全が改善し一般病棟に転棟となり、この日母は父と面会することができました。翌一五日に心臓カテーテル検査を行う予定でしたが、その夜南淵医師が父を見舞ったところ、にこやかに応じたということでした。そして、これが父の最期の会話となりました。

一五日明け方、勤務先の当直室で仮眠していた私は、携帯電話の受信音で起こされました。父の容体が急変したという病院からの呼び出しでした。

私は病院に向かうタクシーの中で、父の病態に思いをめぐらせました。急変ということは心肺停止しか考えられない、ということは一般病棟ではまず蘇生は難しいだろう、母は大丈夫だろうか、重体になるまで医療を望まなかった父の意思を汲んで心肺停止時に「蘇生を希望せず」という文書を作成していなかった等々、あれこれが頭の中に浮かんでいました。

　私は、病院のロビーで待ち合わせた母、弟夫妻とともに、南淵医師から簡単な経過報告を受けました。父は、未明に心肺停止となり、経皮的体外循環と大動脈内バルーンパンピング下に蘇生したとのこと。私はそれを聞いた瞬間に、予想通り蘇生は間に合わなかったのだとわかりました。

　その後我々は、南淵医師に先導されて父のいるＣＣＵに向かいました。ＣＣＵの入口で面会者用マスクとガウンを着けましたが、このちょっとした儀式はこれから患者に会うための心の準備という意味で、良い間を持たせる効果があるなと思いました。

　父は、カーテンで囲われたベッドに横たわっていて、ベッドの足元には経皮的体外循環装置と大動脈バルーンパンピングの装置がありました。私は、無意識のうちにすぐ父に近づき脳幹反射をはじめ一通り神経兆候を確認しましたが、やはり臨床的脳死状態でした。循環も、経皮的循環装置と大動脈バルーンパンピング装置によってかろうじて血圧を保っているだけで、手足は蒼白で冷たく循環不全状態でした。

　とりたてて大きな感情の起伏もなく、私は事実を理解しました。弟はいつものように感情を顔に出すことはありませんでしたが、すぐに事情を呑み込んだようでした。母も父をひと目見てただならぬ様子を悟ったようでしたが、私が父から離れたときにごく自然に「お父さんはどんな状態なの?」と訊いてきました。一瞬私はどう表現しようかと迷いましたが、ふと「お父さんの魂はもうここにはいないよ」という言葉が口から出ました。しかし、そう言いながら母にとって辛いことを言っている自分を意識し、気持ちの昂ぶりを覚えました。

するとと、母は父から目を離しながら、いつもの淡々とした調子で「あら、そう……。じゃあ、南淵先生にはせっかくよくしていただいて本当に申し訳ないけれど、本人の遺志なのでもうけっこうです、と伝えてくれる?」と言いました。そのとき、父が去年の秋に自分の死後の手筈を母に話していたと聞いたことを思い出しました。ともあれ、母は即断即決で、感情が揺れ動く間もありませんでした。私はそんなに簡単に決めていいのかなとも思いましたが、母の表情には何の迷いもありませんでした。母が平然とこの事態を受け止めているのにちょっと驚きましたが、私も了解して頷いた後、それ以上何も言いませんでした。

私は部屋を出て、南淵医師に母の意向を伝えました。その後、南淵医師から事情説明がありました。南淵医師は一般病棟へ出したのがいけなかったのかもしれないと悔やんでくれましたが、母は「無理を言って緊急入院させていただいて、もう十分満足しています。

本当に有り難うございました」と言って、まったく未練を残すような様子はありませんでした。

　父の周りの装置がゆっくりと外され、一三時二三分死亡確認がされました。

　待合室に移動して、遺体が清められてもどってくるのを待つ間、私は母に頼まれて献体を引き取りに来てくれるよう大学病院に電話をしました。

　先方はすぐこちらに向かうとのことだったので、我々は病棟の一室で死後処置を施された父と迎えの車が来るのを待ちました。私と弟夫妻は父の死を受容して穏やかな気持ちではありましたが、かといって普段のように談笑する気分でもなく押し黙っていました。すると母が「この状態は辛いわねえ」と、いつものにこやかな調子で言います。もう少しで結婚五〇年になるところでしたが、母は今どんな気持ちでいるのだろうかと考えてしまいました。私は、「もうすぐ迎えの車が来ると思うよ」と言うしかありませんでした。


　私は、父がＣＣＵを出る日に見舞う予定だったのですが、病院の仕事が重なり、とうとう生前の父に会うことができませんでした。仕方がなかったとはいえ、心残りでした。じっとしていると、元気だった頃の父の思い出が次から次へと浮かんでくる。私は、そのまましばらく生前の父の思い出に浸っていましたが、ふと気がつくと一時間ほど経っていて、ちょうど迎えの車が到着したところでした。

父の棺とともに我々は迎えの車に向かいましたが、母は玄関に整列した南淵医師をはじめとする医療スタッフ一人一人に淡々と御礼の挨拶をしながら進んでいきました。一様に哀悼の意を示してくれている医師や看護師たちの重い雰囲気の中にあって、母だけは別世界にいるかのようでした。

父の乗った車を見送った後、我々は弟の車で病院を後にしました。

母が「これからすき焼きをしましょう」と言うので、途中でスーパーマーケットに寄って食材をたっぷりと買い込み、弟のマンションで父の思い出話に花を咲かせました。いい供養でした。

翌日母は一足先に富士に帰りましたが、私はちょっとした用をすませて翌々日に富士の実家に行きました。そして母といっしょに病院から持ち帰った品々を整理しているとき、母は父の靴を手にとりながら、「こんなふうになるつもりじゃなかったんだけどね」と呟きました。

気丈な母ですが、だんだんと寂しさが募ってくるのではないかと思い、私と弟は我々の近くに移ってくるよう勧めました。

●母の晩年

父の死後、しばらくして母は弟夫妻の住む相模原に引っ越すことになりました。母の希望で、なるべく安くて広くないところという条件で、弟のマンションから徒歩一〇分の比較的新しい二Kのアパートでした。母は、ほとんどの荷物を父と過ごした富士市の家に残し、布団や食器、その他必要最低限のものだけを持って引っ越してきました。

ただ、このアパートは新しくてきれいではありましたが、西向きで日の入る時間が短く冬は寒いということで、ほどなくすぐ近くの南向き五階建て一Kのアパートに移ることになります。

大正一五年生まれの母は、四〇歳代から慢性的な頭痛と目の奥の痛みを患い、よく床に伏せっていましたが、昭和六〇年に東京から富士に移ると徐々に元気になり、平成に入ってからは一二年まで毎年一回一人で海外旅行を楽しむほどになっていました。また、この頃の母は毎日一時間ほど、雨の日も風の日も欠かさず早足で歩いていました。

ところが、平成一三年、五月の夕方に自宅から二〇〇メートルほど離れた交差点で、横断歩道を渡っているとき、右手から左折してきた車にはねられました。信号は青信号だった。

事故後、母は自力で歩いて帰ったのですが、何も知らない私が翌日の夕方に電話をかけたところ、母は少し興奮した調子で「車にはねられて腰が痛くてたまらないわ」と言います。驚いた私は、なぜすぐに病院に行かなかったのか、はねた加害者はいったい何をやっていたのか、と矢継ぎ早に聞きました。すると母は、とにかくまず家に帰って父に知らせなければと思ったと言います。いやはや、帰ってしまう母も母なら、人身事故にも関わらず警察への連絡もせず、車にはねられた老人をそのまま帰してしまう加害者も加害者だと、ほとほと呆れると同時にその非常識な対応に対して猛烈に腹が立ちました。

母はそのときは我慢できると思ったそうですが、やはり痛くてたまらなかったと言っていました。それはそうだろう、翌々日近くの外科病院に入院して放射線写真を撮ったところ、左の助骨多発骨折と左大腿骨転子間骨折だった。よほど痛かったのか、母は私が昨晩電話したことを覚えていませんでした。まったく、我慢にもほどがあるというものです。

入院後、父は重症の心疾患を患っていて数年間外出をしていなかったにも関わらず、身の回りの荷物を持って毎日欠かさず往復三キロ歩いて、母の世話をしに病院に通っていました。経済観念がなく、若い頃には給料の大部分を飲み代に使って母を困らせていた父の、人生最期の罪滅ぼしだったのかもしれません。

ところが母は、父に迷惑をかけたくないから早く帰りたいと言って、リハビリもそこそこに一ヶ月半ほど経つと自主退院してしまいました。しかし退院後は、事故の後遺症で二～三時間座っているのがやっと、足腰も弱り歩くのも覚束ないという状態でした。

やはり高齢者は、いくら元気そうに見えても一度体調を崩すと元には戻らないものです。事故に遭うまではあんなに元気だったのに、その後運動ができなくなった母を見ていると、私は胸が痛みましたが、母は加害者のことや不自由になった自分の体について口にすることはありませんでした。

その後、私は時間の許す限り、なるべく母の様子を見に行くよう心がけました。

平成一九年、四月のある日母のアパートに訪ねて行くと、「去年、堺のお姉さんのところを訪ねて最後のお別れができて本当によかった」と、私にしみじみと語りかけました。伯母は昨年、八三歳で亡くなっていました。母は、七人の兄弟姉妹の中でもとりわけ伯母と仲が良かったので、喪失感も大きかっただろうと思います。

母は、母の実家の庭先で伯母と二人で撮った写真を懐かしそうに見ながら、「次は私の番ね」と言いました。

母の様子を見ていると、立ち上がるときに非常に辛そうで、両腕を必死に突っ張りやっと立ち上がっていました。気付いてみると、ずいぶんと弱ったように思われました。

それから一週間後に母のもとを訪ねたとき、母が最近両下肢から腹部にかけて膨らんできたというので見てみたら、脛に浮腫が出て腹水もたまっていたようでした。冬から両足が隠れる長いスカートを穿いていたので、まったく気がつきませんでした。母にいつ頃からこうなったのかと訊くと、二ヶ月ほど前からだと言う。早速、次の日にかかりつけの病院で受診することにしましたが、こんなにひどくなるまで気がつかなかった自分の不明に情けなくなりました。やはり、肝硬変の非代償期に入ったのか。いよいよ体が動かなくなる前に、東京で私と同居することを提案したけれど、「これから引っ越しなんてとんでもない」と言い、頑として聞き入れなかった。一度言ったら絶対に曲げない母のことですから、私は不安を抱えながらもしばらく様子を見ることにしました。

この時期の母に関して、なぜだか鮮明に覚えている記憶があります。忘れもしない五月五日、いつものように母の様子を見に行って帰るときでした。「また近々来るから」と言って、部屋を出てアパートの廊下をエレベータに向かって歩き始めましたが、ふと振り返るといつもと違って私がエレベータに乗り込むまで、母が名残惜しそうにじっと立ち続けてこちらを見ていました。ほんの一瞬ですが、もしや、という思いが頭を掠めたけれどすぐに打ち消しました。エレベータで降りた後、道路から見上げると母はもう部屋の中に戻っていました。

後ろ髪を引かれるような何ともいえない気持ちでしたが、またすぐ来ようと思い直し、私は母のアパートを後にしました。

五月九日の夕方、勤務する病院で会議が終わった後外に出たとき、携帯電話が鳴りました。珍しく、弟からの電話でした。どうしたのかと思ったら、父の死後、母の安否確認のために毎日一八時にしている電話に母が出ないと言います。たまたまその前日には電話しなかったそうなので、二日続けてということになります。弟は半信半疑ながら、悪い予感を持っていたようでした。私は弟に「すまないがすぐに様子を見に行ってくれないか」と頼みながら、母の身に重大事が起きたことを確信しました。四日前に母のところから帰るときに見た母の立ち姿と、とうとうその日が来てしまったかという思いが、一瞬私の中で重なりました。

●母の死

母の安否確認を頼んだ後ほどなくして、弟から再び電話がありました。「だめだ。浴槽内でずいぶん時間が経っている」という電話だった。普段、感情を表に出さない弟の声は落ち着いてはいましたが、無念さが滲んでいました。私は、すぐ警察に連絡するよう弟に頼み、取り急ぎ相模原に向かうことにしました。当番スタッフの医師に事情を話し母のもとに行ってくることを伝えると、彼は非常に気の毒そうな表情をしました。こうしたときに、信頼するスタッフが瞬時にこちらの気持ちを察してくれたことを、とても嬉しく思いました。

私は母のもとへ向かう道すがら、無意識のうちに死因（心臓発作や脳卒中などの病死、浴槽内で足を滑らせて溺れる等の事故死、自殺あるいは他殺）に関して思いをめぐらせました。

現地に着くと、鑑識の警察官がデジタルカメラで撮った母の写真を見せてくれました。その写真に写った、狭い浴槽で膝を折って背をこちらに向け、横倒しになって体の左側三分の一ほどを出して水没していた母の姿が脳裏を離れません。孤独死は避けられなかったとしても、もっと早く見つけられなかったのかと、慚愧の念に堪えられなかった。

私は母の検視に立ち会いましたが、日数が経っていることもあって遺体の傷み方がひどく、水没した顔は皮膚が弾けんばかりに膨れて、本人の確認ができないほどでした。ただ、四月に浮腫のあった両下肢は、利尿剤の効果のせいか元通りのきれいな細長い脚になっていました。

紫色に変色した皮膚は、ふやけてホクロなど表面の細かい特徴を確認することはできませんでしたが、身長（一六三センチメートル）、頭髪、頭髪の生え際の形、四本欠損した上の前歯、やや大きめの骨盤、長くて軽いX脚の下肢、両足の外反母趾などから、母であることは間違いありませんでした。しかし、警官には言いませんでしたが、一つだけ不審に思ったのは、身元確認するにあたって最も明確な証拠になったはずの左手薬指にはめていた結婚指輪が見あたらなかったことです。

ところで、後で弟も言っていたことですが、このようなふやけかけた遺体を浴槽から崩れないように細心の注意を払いながら運び出す警察の人たちには、本当に頭の下がる思いでした。彼らにとっては日常的な業務なのかもしれませんが、遺族からするとこうした場面でのこのような気配りは本当に有り難いものです。

ただし、検視していた警官が、今回のように本人確認が難しい場合、万一人違いだったら責任問題になると言ったのには呆れました。思わず私は「では誰が母と同じような死体を運び入れて浴槽内に沈め、内鍵がかかった状態にできるんですか。非現実的なことを言わないでください」と言いました。すると、警官も納得して検案に回すことになり、とりあえず相模原警察署に遺体を運ぶことになりました。それにしても、無謬を求める世の風潮に過敏になっているのは、医者だけでなく警察もいっしょなんだなと思いました。

検案は、北里大学の栗原教授によって行われることになり、連絡先を教えてくれました。

遺体は翌日北里大学に運ばれましたが、私はあらかじめ連絡をとり栗原教授に面会させてもらうことになっていました。栗原教授から母の近況についての質問を受けた後、この後の段取りについて説明してもらいました。教授は「この暑さだからなるだけ早く検案しないと」と言って、すぐに取りかかってくれました。検案後、急性虚血性心不全という死体検案書を書いてもらいましたが、私は迅速かつ心のこもった対応をしてもらったことに感謝しました。

先に遺体となった母の指に結婚指輪がはめられてなかったと書きましたが、実は警察が引き取った後で気付いたのですが、生前決して外すことのなかった指輪は箪笥の上の父の遺影の前に葉書の束といっしょに置かれていたのです。葉書の束は親族と、母の特に親しい知人たちからの年賀状で、上に「葉書で連絡して下さい」という紙片が挟まっていました。

私たちは母の遺志を理解し、遺体を葬儀社に移して私たち遺族だけでお別れ会をするという手筈を整えてもらいました。ちなみに、母の葬儀を取り仕切ってくれたこの葬儀社は、栗原教授から、北里大学に出入りしている葬儀社の中ではいちばん遺体の扱いが丁寧で良心的な葬儀社だと聞かされていました。

五月九日の夜に相模原に駆けつけた私は、一〇日に一度東京に戻ってあれこれ仕事を片付け、一一日の夜に再び相模原の母のアパートで弟夫妻と落ち合い、遺体が安置されている葬儀社に向かうという慌ただしさでした。五月一二日の密葬には弟の妻の両親も駆けつけてくれ、本当に有り難く感じました。その夜はみんなに帰ってもらい、私が翌朝まで母の番をすることにしましたが、弟の選んでくれた母の写真は、いつものように微笑んだとても良い写真でした。

ところで、母の検視に立ち会ったのは私だけなので、三日間浴槽に水没していた母の顔を、発見者の弟も含めて他の身内は誰も見ていません。その母の顔を、葬儀社のスタッフはさりげなく「白い布で覆って棺の小窓には出ないようにしましょう」と言って気遣ってくれました。こちらが、遺体の顔はどうするんだろうと心配しかけたまさにそのとき、心中を読み取ったかのごとく絶妙のタイミングでした。仕事とはいえ、その心配りには本当に感心したものです。

思えば、煩雑な諸手続きを代行し、傷んだ遺体をきれいに整えてくれた葬儀社というプロフェッショナル集団のおかげで、どれほど助かったことか。本当に、人は人に助けられている。我々医師は、患者やその家族の方々にこれほどの心配りができているだろうかと、思わず考えさせられました。

遺体というのは不思議なものです。遺体は遺体でしかなく、単なる「モノ」でしかないわけであり、したがって執着するような対象ではないということを頭では理解していても、愛する者にとっては抜きがたい愛着を感じずにはいられないというのが、偽らざる本心です。おそらく、遺体への配慮は理屈ではなく、情として自然に出てくるものなのでしょう。「愛する人を亡くした人へ」という好著があり、自ら冠婚葬祭の会社を営んでもいる一条真也氏は本の中で、葬儀とは「成仏」という儀式（物語）によって悲しみの時間を一時的に分断し、その物語の癒しによって、愛する人を亡くして欠けた世界を完全な状態にもどすこと、と語っています。私も、まったくその通りだと思うのです。

私たちがお世話になった葬儀社は、東京都の南多摩斎場の手前、丘の上の見晴らしの良い場所にあります。葬儀社の北側にある駐車場と南多摩斎場の境に昔の戦車道路が走っていて、今は遊歩道となっています。

夕方、葬儀社の外に出て広い駐車場を歩いていると、傍らに初老の男性が佇んでいて私に話しかけてきました。聞くと、元刑事だったそうで、三九歳の一人娘をくも膜下出血で亡くし、この葬儀社に遺体を移したところ、順番が混んでいて通夜は明後日になるとのこと。感情を押し殺して話されていましたが、逆縁はさぞ辛いだろうと察しました。

斎場に戻ると、私は祭壇の母の写真を眺めて幼かった頃の父母との思い出を思い浮かべたり、時々新たに線香に火をつけたりしながら、もの思いに耽っていました。時は知らない間に流れていき、ふと気が付くといつの間にか朝焼けでした。南の大山から丹沢連峰にかけて赤く染まり、空はゆっくりと明るくなっていきました。私が小中学生の頃、一人で丹沢に行くとき、母が心配しながらも弁当を作ってくれたり、万一のときのためにズボンの裏にポケットを作って硬貨を沢山縫い付けてくれたりしたことを懐かしく思い出しました。

朝になって、弟夫妻と弟の妻の両親がやって来ましたが、差し入れの朝食をとりながら四方山話をして、ずいぶん気が紛れました。

出棺の前、気持ちを込めて生前の母が朝の散歩のときに着ていたジャージや帽子、部屋に飾っていた写真や装飾品等を入れた後、花で埋めました。最後に棺の蓋が打ち付けられて出棺です。私たちは、葬儀社の車で相模原市営火葬場へと向かいました。

母は、誰の手を借りることもなく、そっと逝きました。死の直前まで、いわゆる「老婆」というイメージがなく、背筋は伸び手の震えもなく、最後まで自分の考えを明瞭に述べていた。母の死の迎え方は、私にとって理想に近いものでした。

母の死後、遺品を片付けていたら、年金のほとんどを毎月貯金していたことがわかりました。身を削って、息子たちのために残せるものを残そうとしていたのでしょう。胸が詰まる思いでした。

そういえば、母は亡くなる前年、私がそれまで不眠不休のペースで仕事をしていたのを心配して、「もうほどほどにした方がいいんじゃない」と言っていた。遅まきながら私は、母への贖罪も込めて再び健康を取り戻すよう努力しようと思ったものです。

母の死を受け入れたとき、私は、これでもう心配しなければならない人はいなくなったという思いが湧き上がり、その瞬間言葉では言い表せない大きな安堵感、幸福感のようなものに満たされました。そして、あとは死を迎えるそのときまで、心を無にして生きていこうと思いました。

今思い返すと、母の晩年はとても平穏で満ち足りた様子でした。「立って半畳、寝て一畳」という言葉があるけれど、母はまったくといっていいほど物欲に無縁の日々を送っていた。私はそうした母の生活を見るにつけ、人が満ち足りた生活をするのに余分な「モノ」は必要ないのだということを、本当に理解しました。恥ずかしながら私はそれまで、いつかは自分の住居が欲しい、若干の蓄えもあった方がいい、といったささやかながらもつまらない欲を持っていました。

また、独居であることから、老後についても多少の心配をしていました。母のように急逝できればいいけれど、病気や怪我で不自由な状態のまま生き延びたりすると困ったことになるな、などと思っていました。しかし、母の最期に接したことによって、仮に動けなくなって孤独死したとしてもどうということはない、なるようになる、と考えることができるようになりました。

ともあれ、母の晩年とその死は、私に深い啓示を与えてくれることになったのです。

●母との再会

私の友人に、Eさんという会社経営をしている六〇歳代の女性がいます。Eさんとは、これまで電話では何度もやりとりをしていたのですが、なかなか会うタイミングがなく、実際に会ったのは平成二一年の三月でした。

彼女は、非常に強い霊能力を持った人なのですが、自身の能力については長い間口外することがなかったそうです。しかし、私が本書を執筆することを話すと、自分のそれまでの体験や能力について話してくれました。その内容は非常に多岐にわたり、また実際に目撃しなければ到底信じられないようなことばかりなので、あえてここでは述べません。

そのEさんから、平成二一年三月のある日の朝電話がかかってきたのですが、いつもの率直な話し方と違って何か言いにくそうな気配なので私は訝しく思いました。そして、一呼吸置いてEさんが私に話した内容は、実に驚くべきものでした。

Eさんは、言いました。

「実は、あなたのお母様のことなんです」

「はっ？」

「矢作さんと先日お会いした後からお母様が矢作さんのことを心配されて、息子と話したい、と私にしきりに訴えてこられるのです」

それを聞いた私は、心中「ええっ、まさか」と驚き、俄には信じることができませんでした。

いわゆる「交霊」に関する事例は幾多の心霊研究の文献で紹介されていて、私も知識としては持っていましたが、いざ自分の身内がらみのことになるとやはり驚きを禁じ得ません。

「どうして母は私のことを心配しているのですか」と私が訊くと、Eさんは、

「矢作さんがお母様に、申し訳ない、という非常に強い思いを送っていらっしゃったからのようですよ」と言います。

「どうしてそんなことが母にわかるのですか」

「そういうふうにお母様がおっしゃっていますよ」

私は、黙ってしまいました。確かに私は、生前の母に対して親孝行らしきこともせず、また晩年の母にも十分な対応をしてやれなかったことがひどく心残りで、毎晩寝る前にそうした悔悟の念を込めて手を合わせていました。

そんな私の思いを知ってか知らずか、Ｅさんは「どうしますか?」と訊いてきました。私は、降霊した霊との対話という行為が、果たして良いことなのか悪いことなのかわからなかった。しかし、不安半分期待半分で「それでは母に会わせてください」とＥさんに頼みました。

結局、母との交霊はそれから二週間あまり後、三月の末にＥさんの知人で日本舞踊の家元をされているＦさんのお宅で行うことになりました。Ｆさんには降霊役兼審神者（サニワ）役をしてもらい、母の霊をＥさんに降霊（国学では帰神法というそうです）し、Ｅさんの体を借りて直接私が母と話すということでした。

なお、Ｅさんは、霊媒を行う場合にはいろいろと面倒なことが起きることがあるので、今は決して引き受けないことにしていたそうです。今回は、私の心中を察して、特別に霊媒役を引き受けくれました。

交霊の当日、Eさんに伴われてFさんのお宅にうかがうと、Eさんが母からの接触以来のことを簡単にFさんに話した後、事前に打ち合わせてあったせいか、すぐさま降霊が始まりました。

私はリラックスして何もしないで、そこに座っているだけでいいとのことでした。まず最初に、Fさんが何ごとか言葉を述べ、次いでEさんの頭に向かって右手の人差し指をまっすぐに伸ばし、「矢作美保子（母の名）様ですね」と声をかけました。するとそのときです。いきなりEさんが前屈みになり、礼をするような姿勢になったとたん間髪を入れず「直樹さん、ごめんなさいね。心配をかけてごめんなさいね、ごめんなさいね」と、堰を切ったようにまったく別人の口調で話し始めました。それは、いきなりドスンと天から母が降ってきたような感じでした。突発的で、まるで桶の底が抜けたようでした。真横に控えていた私は、ずっと昔、まだ母が若かった頃の感情的になったときのような口調に驚きました。もっとも、母は私が中学生になった頃以来、まったく興奮するようなことはありませんでしたが。

Fさんは隣の部屋のテーブルの近くに移り、私にEさんに向き合い手をとって話すようにと促しました。それで私は、あたふたとEさんと向き合って手をとり、話し始めました。

私は、ここに来るにあたって特に質問事項を準備してはいませんでした。

「お母さん、私は元気でやっています。心配いりませんよ」

「直樹さんに心配させて本当にごめんなさいね」

「私は元気で何も心配していないから大丈夫ですよ」

「そう、それなら安心したわ」

力んでいた母は、いきなりほっとしたようで、すぐに生来の重たい口調になっていました。こちらから訊かない限り、自分からは口を開きません。

私は一息入れた後、さらに話しかけました。

「お母さん、ちょっと訊きたいことがあるんだけど」

Eさんの体を借りた（？）母は、ゆっくり頷きました。Fさんも向こうからにっこりしながら、右手指でOKサインを出します。

「お母さんは、どうして亡くなったの。ずっと疑問だったんだけど」

「心臓発作らしいの」

そのとき私は、母の死後に警視庁の刑事が「入浴中に心臓発作で亡くなられた方々は、前屈みで横に倒れ、浴槽にはまったように水没していることがよくあります」と言っていたのを思い出しました。

「いつ亡くなったの？　薫（私の弟）が電話をかけなかった日？　それより前？」

「薫さんが電話をくれなかった日には、もうこちらに来ていたわ。直樹さんが帰った翌日の夕方ね（注：五月六日。つまり死体検案書に記載された日）」

母は、いつも夕方一七時頃に風呂に入り、一八時に弟からの電話を受けるというのが日課でした。

「その日は、薫夫妻といっしょにマーケットに行った日だね」

「……」

母は、少し首を傾げて黙っています。

弟の話では、いっしょにマーケットに行ったとき、母はいつになく元気がなく、言葉も発しなかったそうです。また、辛そうに歩いている母の手を引いた弟の妻も、母の手がすごく冷たかったと言っていました。死の直前、かなり体が弱っていたので覚えていないということでしょうか。

「亡くなる前に、同居をもっと強く勧めておけばよかったですかね？」

「そんな必要はありません」

「でも、最期はずいぶん不自由だったでしょう？」

「それは、問題ではなかったわよ」

不自由な独居生活の末、独りで亡くなった晩年の母に対して、何もしてやれなかったことに強い後悔の念を持っていた私は、いつもの淡々とした調子の母の言葉で、救われたような気がしました。

次に、もう一つ疑問に思っていたことを訊ねてみました。

「亡くなったときに結婚指輪を外していたけれど、いつ外したの？」

「あなたは気が付かなかったかもしれないけれど、私がこちらに来る二ヶ月以上前よ。お父さんの命日（注：二月一五日）の後ね。箪笥の上に置いた通知用の葉書もそのときいっしょに置いたの」

私は、てっきり母が自分の死期を悟って、指輪や葉書を死の直前に置いたのだとばかり思っていましたが、さすがに自分が死ぬ日まで予知することはできなかったということでしょうか。来年の父の命日まではとても生きられそうもないので、いつ他界してもいいようにと思ったのか。

私は、父の命日以来、五回訪れていたにも関わらず、まったく気が付きませんでした。

ところで、Eさんの体を借りた母が込み入ったことを正確に話すのが、私には驚きでした。ここまでの内容は、EさんやFさんはもちろん、誰にも話したことのなかったことです。

私は、質問を続けました。

「そちらでお父さんには会ったの？」

「お父さんには会わないわ」

そう言って、母は少し右下を向きます。それ以上の質問を拒むような雰囲気でした。

私には非常に意外な答えだったので、一瞬戸惑いました。いったい、父母の間に何があったのか。父の命日の後に指輪を外したということが、父と切れることを意味していたのか。私は、晩年の二人は仲良く暮らしていたとばかり思っていたのですが、夫婦の間にはいろいろな事情があるのだろうと無理矢理納得して、それ以上は訊きませんでした。

「お祖父さん、お祖母さんには？」

「会ったわ」

「伯母さんには？」

「会ったわ」

母は、いつもの調子で簡単に答えました。

「ところで、どうして私がお母さんに申し訳ないと思っていることがわかったの？」

実際のところ、私が晩年の母に対する自分の対応に強い後悔の念を持っていたことは、先に述べた通りです。

「ずっと見ていたの？」

間を置いて、母は微笑みながら「そうよ」と答えました。そのときの、心の中に言いたいことを留めるように視線をやや落とす様子が生前の母独特のもので、私は本当に生きている母と向き合っているように錯覚しそうでした。

「私が毎晩念じていたのも？」

「そうよ」

母は、ニコニコと笑っています。

「そちらの居心地はいいのかな？」

母は、嬉しそうに頷きました。

「私がいつ頃そちらに行けるのか知らない？」

「そんなことは訊いてはいけませんよ」

少し困ったような顔をしながら母は言いましたが、母にはわかっているのでしょうか。

「とにかく、こちらのことは本当に心配しないで」と、母は再び念を押しました。

「わかりました。でも私が毎月行っている納骨堂へのお参りは続けていいんでしょう？」

「それは嬉しいわ」

ここで、向こう側に座っているFさんが言葉を挟みました。

「お供え物をしなくてよろしいですか?」

「ええ、要りません」と、母はいつもの調子できっぱりと言いました。

「私は摂理を理解しているつもりなので宗教を必要としていないから、儀式らしいことを一切しませんがいいですね?」

「それでかまいません」

母は、大きく頷きました。生前の母は、弔いの形式などまったく意に介していなかった。

まだまだ訊きたいことはいろいろありましたが、私はなぜか直感的に世俗的な興味で母を引き留めてはならないような気がして、別れのときが来たと思いました。

「じゃあそうするから。後のことは心配しないでね。」

「わかったわ。兄弟仲良くね」

母は安心したように、大きく頷きながらそう言いました。

「大丈夫ですよ」

「そう」

「じゃあ、これでもうこちらには来ないんですね?」

「ええ、お別れよ。元気でね」

母のまったく未練がましくなく晴れ晴れとした口調に、私は一瞬拍子抜けしました。親が子をぽいっと突き放す、動物の子別れのようでした。

私は、万感の思いを込めて言いました。

「お母さんも元気でいてくださいね。さようなら」

すると、その瞬間Eさんが背を伸ばしてぱっと目を開け、元の口調に戻って「よかったですねえ。それにしてもすごくサッパリした方ですね」と、感動したように言いました。あまりに瞬間的な出来事で、こちらが余韻に浸る間もありませんでした。Fさんも呼応するように「本当に竹を割ったような人ですね」と言いました。

二人とも、交霊を始める前まではまったく違った展開を予想していたようでした。二人が言うには、通常今回のようなかたちで交霊を頼んでくる人（霊）は、現世の事柄に執着が強く、もっと感情的なやりとりになり、ときとして愁嘆場になるそうです。

もっとも、生前の母をよく知っている私には、自分の言いたいことを必要最小限しゃべったらすっきりしてさっさと行ってしまったのは、いかにも母らしいと感じられました。

後日、Eさんから聞いた話では、交霊中は体の八割方が霊によって占められ、自分はかろうじて意識だけがあるような状態で、霊が勝手にしゃべるのを横で普通に聞いているといった感じだといいます。その際、霊が何を考え、何をしようとしているのかはわからないそうで、心霊関係の本でよく紹介されているような心理的霊媒のように、霊のいうことを聞いて同時通訳のように訳して話すのとはまったく異なるとのことでした。

ところで、ここまでの記述を改めて読んでみると、最初半信半疑だった私があたかも母が実在しているかのごとく普通に会話をし始め、どんどんと交霊という現象の中に入っていく様子がうかがわれ、我ながら興味深いものがあります。

繰り返しますが、私と母の対話の内容はEさんやFさんが事前にまったく知らなかった内容です。また、Eさんは生前の母に会ったことがないにも関わらず、交霊中のEさんの体を借りた母の立ち居振る舞いは私の知る母そのもので、おかしくて吹き出しそうになるほど性格も口調も仕草もそのままでした。

いずれにせよ、Eさんを通した母との対話は時間にすると短いものでしたが、私にとって圧倒的な存在感をもった体験となりました。

さて、本章では私が知る非日常的現象をいくつか紹介してきましたが、いかがですか。

確かに、これらの事例は我々の一般常識からすると、信じ難い現象ばかりです。頭で考えるには、あまりにも経験概念とかけ離れていて類比推理も難しく、実際に体験しなければとても理解できるようなものではありません。

アメリカの実験心理学の父と呼ばれるウィリアム・ジェームズは心霊現象について、それを信じたい人には信じるに足る材料を与えてくれるけれども、先験的に疑いを持つ人にまで信じさせる証拠はないという限界を持っている、と指摘しています。

霊的現象に関して私がこれまで接してきた人たちは、みなそれぞれちゃんとした生業を持つ、ごくまっとうな社会人です。そして、自身の霊力を公言公表することもなく、組織も作らず、ましてや自らの理念を他者に強要したり能力を見せつけて金品を要求したりする人々ではありません。

私が霊性について思索をめぐらすようになったのには、確かにこうした人たちの影響がありますが、霊力あるいは霊的現象を信用するかどうかということ以前に、何よりも彼らの人間としての信頼性によるところが大きかったのです。

第四章 「霊」について研究した人々

第三章で、私が見聞き、体験した霊に関する不思議な事象をいくつかあげましたが、自然科学の勃興期である近代においても、こうした心霊現象については様々な研究がなされてきました。

霊魂、霊的現象、霊についての理念、それらの研究を総称して、欧米ではスピリチュアリズム（本来は「地球を霊的に浄化する」という意味のSpritualiseから来た言葉だが、慣用的に「心霊主義」と訳されてきた）と呼んでいます。心霊に関する調査レポートや研究文献は、かなりの数にのぼりますが、ここではそうした文献を基にスピリチュアリズムの概要とその歴史について述べてみましょう。

一●スピリチュアリズムとは何か

スピリチュアリズムは、有史以来の長い時の流れにおける様々な地域での天啓、それに続く宗教の発生とその広がりの中で生じた多様な思想の積み重ねの上に成り立っています。したがって、その背景に宗教的な基盤があることは確かです。

●宗教とスピリチュアリズム

スピリチュアリズムは、超越的、絶対的意思（摂理）とそれに導かれる霊魂の存在を信じるという点において、既存の宗教と共通した側面を持っています。しかし、スピリチュアリズムは特定の宗教に基盤を置くものではなく、摂理や霊魂といった超越的存在と繋がることによって高い理想を実現し、人類の救済を理念としているところに特徴があります。また、より広い普遍性、共通性を志向し、霊魂の存在を科学的に証明しようとする点でも、既存の宗教と際立った相違点があります。

そういった意味では、現世的な組織の論理に縛られ過剰な修飾的儀式を重んじ、ともすれば排他的傾向を持つ現代の主要宗教と比べ、スピリチュアリズムは外に向かって開かれた概念であるともいえます。

したがって、宗教における旧来の霊魂信仰と区別するために、近代スピリチュアリズムと呼ばれることもあります。

近代スピリチュアリズムは、十八世紀以来の欧米でその概念が広まりました。いうまでもなく、近代における自然科学の飛躍的な進展は、欧米が主導したものです。いわば科学主義がいたるところに影響を及ぼすようになりつつあった欧米社会で、科学とはまったく異なる次元を対象とした心霊研究が新たに始まったわけです。しかも、欧米において近代スピリチュアリズムを主導したのは、後述するスウェーデンボルグをはじめ、ノーベル賞科学者を含む当代第一級の自然科学者達だったという事実には興味深いものがあります。

確かに、スピリチュアリズムは、心理学、宗教学、文化人類学、医学、そして近年では量子物理学までも動員した研究といえます。

ただ、その背景には欧米における強固なキリスト教的価値観の伝統があったことは否めません。また、近代スピリチュアリズムは、東洋思想、特に古代インド宗教や仏教の経典からも多大な影響を受けています。そうしたことを考えると、近代スピリチュアリズムが生まれるにあたって、宗教ないしは宗教的概念が契機となったことは、間違いないように思われます。

ところで、釈迦は霊魂について人間があれこれ考えるのは無意味なことだと言ったとされています。確かに、人智を超えた存在について、人間が人智をもってしてあれこれ解釈したり証明しようとするのは矛盾だという考え方もあるかもしれません。

ただ、人間があらゆることについて、それが科学的枠組みの外にあることについてさえも、知りたい、論理的に解明したいという欲求を持つことは人間の持つ一種の業《ごう》のようなものであり、他の生き物と峻別される特性なのではないでしょうか。

●スピリチュアリズムにおける霊魂と体の概念

先に述べたように、近代スピリチュアリズムは宗教と違って超越的存在について、ただ感受するだけではなくそれを論理的に解明しようとする志向を持っています。そして、霊魂と体の関係についても、人により、あるいは地域によって、様々な表現で説明されていますが、その根本は共通しています。

近代スピリチュアリズムでは、霊魂はレベルの高い順に本体（mental body）、霊体（astral body）、幽体（etheric body）から成るとされています。また、霊・心・体といういい方がありますが、これは心身（体と脳機能によって活動する心）とそれを司る霊の統一的表現です。日本では、最初にスピリチュアリズムを提唱した浅野和三郎がほぼ同じ概念で、霊魂は神体、霊体、幽体から成るとしています。

いずれにせよ、表現は異なっても、近代スピリチュアリズムにおける霊魂と体に関する本質論は、共通しています。

以下に、その考え方を簡単に紹介してみましょう。

まず、生死に関わらず肉体から離れても存続する存在を仮に「真体」と呼びます（真体は、肉体とまったく同じサイズ、スタイル、個性を持っているが電磁波のように肉眼では見えないとされる）。そして、肉体をまとっている（生きている）真体を「魂」、肉体を脱ぎ去った（他界した）真体を「霊」と呼びます。

人間はコンピュータを内蔵した着ぐるみを着たようなものであり、電源を持った魂がコード（著者注：近代スピリチュアリズムでは「シルバーコード」と呼ばれ、日本では古来「玉の緒」と呼ばれている）でその着ぐるみと繋がり、スイッチを入れた状態になっている。この例えでいうと、魂はシルバーコードを介して電気を流し、着ぐるみおよびコンピュータを操作したりメンテナンスをしていることになる。

ここでいう着ぐるみとは肉体、コンピュータは脳、魂によるコンピュータの活動が精神あるいは心、精神活動の状態が意識・無意識、精神活動の結果生まれるコンテンツが記憶である。なお、記憶は肉体の脳だけでなく魂にもカーボンコピーのようにまったく同じように共有される。

魂自体は他の魂や霊と交感することができ、互いの姿が見え、声が聞こえ、自由に空間を移動することができるが、着ぐるみ（肉体）をまとうとそれらの能力は封じられる。ごく稀に着ぐるみをまとっても魂の機能が顕れる人間がいるが、そうした人々が一般に「霊感、霊力が強い人」と呼ばれている人々である。

着ぐるみは、それだけでは動かない。電源を入れて動かすのは魂である。いわゆる体外離脱（幽体離脱）とは、着ぐるみを動かす魂がシルバーコードを切らず一時的に着ぐるみを脱いでいる状態のことであり、死とはこの魂がシルバーコードを切って（電気を止めて）着ぐるみを捨ててしまった状態のことである。そして、魂を失った着ぐるみ（死体）は、朽ち果てていくだけである。

また、憑依とは、他界した真体（霊）が他者（他の魂が動かしている着ぐるみ）の心身が不調なときなどに許可なく入り込み、元の魂を押しのけて勝手に着ぐるみを操作している状態のことである。そして、他界した真体（霊）を意図的に自分に重ねる（通常は降霊役の助けを借りる）状態にすることを交霊という。

なお、自然科学では、コンピュータとその活動およびその結果については研究を重ねているが、それを動かしている魂の存在を前提としていないので、なぜコンピュータが動く（精神活動が営まれる）のかという問いには答えることができない。

以上、私なりの比喩をつかって、近代スピリチュアリズムにおける霊魂と体の概念についてごく簡単に説明してみましたが、おわかりいただけたでしょうか。

二●近代スピリチュアリズムの系譜

さて、ここまでスピリチュアリズムの考え方について述べてきましたが、ここでは近代スピリチュアリズムと呼ばれる概念が、どのように展開されてきたか、その流れを簡単にまとめてみたいと思います。

●スウェーデンボルグ

スピリチュアリズムを知る上で、外すことのできない人物が近代スピリチュアリズムの祖と呼ばれるエマヌエル・スウェーデンボルグ（一六八八〜一七七二）です。

スウェーデンボルグの活動のスケールは大きく、その名は霊性に関心のない一般の人々にも広く知られています。彼は、医学を含む二〇の領域にわたり現代科学の礎となるような最先端の研究成果を残し、その著作は一五〇冊にのぼります。

このようにスウェーデンボルグは希代の天才であり、自然科学の領域で大きな実績を残しますが、医学における人間の体の研究から心の研究に移行し、そして霊的な覚醒を契機に公職を辞してから亡くなるまでの二〇年余り心霊研究に没頭し、霊性に関する膨大な量の文章を記し二〇余りの著作を残しています。

以下、文献に記録されたスウェーデンボルグの生涯と主な業績、エピソードをかいつまんで述べてみます。

スウェーデンボルグは一六八八年、スウェーデン語訳聖書を初めて刊行したルター派のビショップ（主教）で、北欧最古の大学であるウプサラ大学の総長となったイェスペル・

スヴェドベリの次男としてストックホルムに生まれる。

長じてウプサラ大学を卒業後、五年間の欧州遊学の間に天文学（経度発見法の提唱）、機械工学（航空機の設計と固定翼の発明、空気圧縮機、脱穀機の発明）、土木工学（起重機、運搬車、鉱石引き上げ機の考案）といった多分野にわたる数多くの業績を残す。そして、帰国後は国王カルル一二世の知遇を受けて、国王直属の枢要な政府部局である鉱山局の臨時監督官に着任する。

また、一七一八年には国王の依頼で当時デンマーク領だったノルウェーへの攻撃を指揮し、新技術を駆使しながら敵の裏をかいて艦船を陸上輸送し、フレドリクスター要塞を陥落させる。

その後、鉱山局に戻り、一七一九年に貴族に叙せられるとともに終身貴族院議員となる。一七三四年、全三巻一〇〇〇頁に及ぶ大著『哲学・冶金学論集』を出版。その中で原子から宇宙まで、現代でも通用する創造的アイデアを披瀝し、彼の名声はヨーロッパ中にいきわたる。なお、この頃より彼の関心は人間に移行し始める。

一七三六年、スウェーデンボルグは鉱山局に長期不在届けを出してパリに向かい、循環器と血液に主眼を置いた解剖学・生理学の研究に没頭する。そしてその成果を『生物界の組織』としてアムステルダムで出版。一七四〇年、帰国する。

帰国後、スウェーデンボルグは研究対象を体全体に広げ、脳、神経、循環器、消化器、生殖器、筋肉、感覚器等、あらゆる組織を研究し、『生命界』という大著にまとめる。ただし、当時出版されたのはその一部であり、その全容が明らかになるのは一九世紀になってからである。『生命界』には、当時知られていなかった数多くの発見が記されていた。脳に限っても、大脳皮質が意識を司っていることの発見、大脳皮質機能の局在性の発見、神経細胞の存在の予測、髄液の性質に関する考察、脳下垂体と内分泌腺との連関の発見、脳波の発見、右脳・左脳の機能の違いの発見、心身医学的知見の提唱等、その内容は驚異的な先見性に満ちていた。

一七四三年七月、スウェーデンボルグが『生命界』出版のために国外旅行に出発したときから書き始めた旅行記は、その途中から夢の記録とその解釈に変わっていく。そしてこの日記は、彼の没後一〇〇年経って『夢日記』として刊行されることになる。

この日記の中で記述されているスウェーデンボルグの霊的体験は、以下のようなものである。

一七四四年四月六日の夜、彼は頭から全身に広がる強い震えによりベッドから投げ出されて目覚め、聖なる者を身近に感じて祈り始めるが、その中でイエス・キリストと対話した。この体験を彼は、「至福直観」だったとして「神の恵みの中にいるとき、人は最も幸福である」と記述している（スウェーデンボルグ『夢日記』）。以後、彼の内面に変化が生じ、ときにトランス状態で霊的な体験をするようになる。

一七四四年九月、美しい宮殿の切妻壁を見たことで、彼は他界の一員として受け入れられたことを暗示されたと考えた。この頃から、自分は科学者から神学者になるべきだと考え、以後科学に関する一切の著述を止める。

そして、一七四五年四月、スウェーデンボルグは彼の人生の一大転機となる霊的体験をする。旅行先のロンドンで、昼食中に突然現れた人物に「あなたは、食べ過ぎることのないように」と言われ、この人物はそれだけ言うと霧のように消えた。その翌日の夜、再び同じ人物が現れて、

「私はあなたを霊の世界へ連れて行きましょう。あなたは、そこで霊たちと交流し、その世界で見聞したことをありのままに記し、世の人々に伝えなさい」と言った。スウェーデンボルグは、この体験をイエス・キリストによる召命だと考えた。

以後、スウェーデンボルグはヘブライ語とギリシャ語を学び、旧訳および新訳聖書を原語で読み込んで霊的に解釈し直すという作業に没頭するようになる。そのため、一七四七

年に国王の許しを得て三一年勤めた鉱山局を退職した。この頃から二〇年余りにわたって、高級霊の助けを借りて他界と行き来し、その交流を通じて霊界および霊に関する事象を記録し始めたとされている（現在『霊界日記』と呼ばれている）。

そこで提示された死後の世界のイメージは、「人間は死後、地上の肉体を除いて、意識・記憶を含む自分の個性のすべてを保持して生が存続する。死後の生活ではこの世のそれと同じ外的、内的感覚を享受する。地上にいるときと同じく、人々は各々その者自身の職業を持ち、飲食もし、遊びもし、家庭生活を送り、集会に参加する。人々は、その仕事、資質に応じて幾多の社会に分けられている。死後の世界では時間と空間がこの世と違い、行きたい場所に瞬時に行け、会いたいと思った瞬間に相手はそこにいる」というようなものである。その内容は、従来のキリスト教の教義とは明らかに異なっている。

スウェーデンボルグが独自に聖書を霊的に解釈し直した全八巻の大著『天界の秘儀』は、一七四八年一一月より書き始められ一七五五年に完成する。ちなみに彼の死後、その解釈に基づいた「新エルサレム教会」が発足した。

彼は、常々「宗教はすべて生命に関わるものであり、宗教の生命は善を行うことにある」と言っていた。

また、スウェーデンボルグは、千里眼（clairvoyance）の能力も持っていたと記録されている。一七五九年七月一九日、彼はロンドンから帰国の途上、イェーテボリで友人ウィリアム・カーステルの夕食会に他の友人たちとともに招かれた。その会食中、彼は突然興奮し、驚いている一同に向かって「今、ストックホルム（イェーテボリから約四八〇キロメートルの距離）で大火災が起き、非常に強い勢いで広がっている」と言った。そして落ち着かない様子で部屋を出たり入ったりしていたが、二時間ほど経って彼の家の三軒手前で鎮火したと告げた。

翌朝、イェーテボリ市長の招きを受けたスウェーデンボルグは、前夜の火事について質問を受けたが、その発生、経過、鎮火について正確に説明した。その翌日、イェーテボリに到着した通商局の使者、および翌々日に到着した宮廷の使者の伝えたストックホルムの火災の詳細は、スウェーデンボルグの説明とことごとく一致していたという。

スウェーデンボルグの生きた時代は、まだスピリチュアリズムという概念のない時代だった。そのため、彼が一七六〇年に自分が現世と他界との間を自由に往還することができ、亡くなった友人の消息を知ることもできると公言したとき、ストックホルムの人々は驚愕したといわれる。

一七六一年、スウェーデン王妃ロヴィーサ・ウルリカはスウェーデンボルグの噂を聞きつけて面会し、一七五八年に亡くなった兄、プロイセン国王フリードリッヒ二世の弟アウグスト・ヴィルヘルムへの伝言を依頼した。王妃の依頼を快諾したスウェーデンボルグは、半月ほど後に直接王妃に霊との交信内容を報告したところ、王妃は今にも気を失いそうによろめき「それは私の兄弟以外は誰も知っているはずのないことです」と叫んだという。その内容について、スウェーデンボルグは生涯他言しなかったが、一説によるとそれは王妃がベルリンのシャルロッテンブルグ城で兄と別れ際に話した言葉だったといわれている。また、他説では王妃の手紙に返書を出せなかったことに対する詫び（当時スウェーデンとプロイセンは交戦中だったため互いに連絡を取り合うことが困難だった）とそのときの返事だったともいわれている。

以上、異能の賢者スウェーデンボルグについて残された資料を基に、その生涯を要約して述べましたが、彼は自分が予告した日である一七七二年三月二九日の夕方、北ロンドンの寄宿先だったかつら職人リチャード・シアスミス家で、シアスミス夫人と家政婦に看取られながら眠るように他界したと記録されています（ブライアン・キングスレイ『スウェーデンボルグの神秘的生涯』）。

彼がシアスミス夫人に「いま何時ですかな?」と訊ね、夫人が「午後五時過ぎです」と答えたところ、「どうもありがとう」と礼を言い、それが最期の言葉となったとされています。

●欧米における近代スピリチュアリズムの展開

現在、近代スピリチュアリズムと呼ばれる概念形成の端緒は、スウェーデンボルグの没後、約一世紀の時を経てまずアメリカで開かれ、次いでヨーロッパに伝播していきます。以下、その間の主要なトピックをかいつまんで紹介します。

一八四七年の暮れ、アメリカのニューヨーク州ロチェスター市ハイズビルに家を新築中のフォックス家の家族四人（両親と娘二人）は、仮住まいの木造家屋で夕方から室内のどこかで音がするのに気付くが、その音源は見つからなかった。

ところが、一八四八年三月の吹雪の夜、両親の部屋で寝ていた二人の娘は、空中に人影を感じ取った。そして、下の娘ケート（九歳）は、父親が寝室以外の部屋の窓を両手で揺すって点検しているときに、それに合わせて寝室でも同じ音がする（ラップ現象）のに気付いた。ケートは、寝室内の人影に向かって指を鳴らし、真似をするように言った。すると、空中でも同じような音が鳴った。次に、鳴らす回数を指定すると、その回数だけ続けて音がした。

この現象は、近代スピリチュアリズム史上初の他界との交信、すなわち人間の死後存続を証明する事例とされている。

娘達は、霊との交信の中で、その霊が半世紀ほど前にこの家に行商に来て殺された男であったことを知る。実際、翌年の夏に地下室の土間床を掘ったところ、骨と毛髪が出てきた。

その後、フォックス一家が引っ越した先でもラップ現象が起こったため、この現象は霊媒体質を持つ姉妹のいるところでのみ起こると考えられた。

この事件は全米のみならず世界中に伝えられ、大反響を起こし、以後著名な科学者達がこぞって科学的検証を行うこととなった。

ちなみに、殺された男の遺体は、事件の半世紀後、姉妹の主張通り地下室の壁と壁の間から発見された。


フォックス姉妹の交霊以後、アメリカでは交霊会が広まり始める。

エイブラハム・リンカーン大統領は、スピリチュアリズムの信奉者である夫人の影響で交霊会に深い関心を持ち、霊の言葉をよく聞いていたことが知られている。

一八六一年の奴隷解放宣言の当日、議会内の対立で逡巡していた大統領のために、夫人はたまたまワシントンに来ていた高名な霊媒ネッティ・コルバーン・メイナードをホワイトハウスに招いた。そして、大統領が尊敬していた政治家故ダニエル・ウェブスターの霊を降霊させ、その強力な助言により宣言を決断したといわれている。

一八三三年にイギリスのエディンバラで生まれたダニエル・ダングラス・ホームは、九歳で渡米したが一八五〇年に母親が他界した後、強い霊媒能力を持つようになった。彼は様々なポルターガイスト現象を起こしたが、その現象は複数の科学者チームによって証明された。

ホームは一八五五年イギリスに帰国するが、帰国後は様々な人々（ナポレオン三世も含まれていた）の同席の下に交霊会を頻繁に行い、物質化現象、物体浮揚、直接書記、楽器演奏、室内振動、耐火現象、直接談話現象、霊言現象等、驚くほど多様な現象を起こしたといわれている。また、多くの人々によって幾度となく、彼の空中浮遊が目撃されている。なお、ホームは後述するサー・ウィリアム・クルックス博士の実験にも協力している。

一八五二年、アメリカの霊媒ヘイドン夫人は、ダニエル・ホームの帰国に先立つ三年前、イギリスに渡って交霊会を開き、アメリカで広まり始めたスピリチュアリズムを伝えた。その後、フランスをはじめとするヨーロッパ全域に交霊会が伝わることになる。

フランスの教育者で哲学者でもあるアラン・カルデックは、霊媒能力を持つ親友の娘セリーナ・ジェイフェットの協力を得て二年間にわたり交霊会を開き、さらにビクトーリャン・サルドゥーの交霊会に参加した際の交信の内容を、スピリチュアリズムのスタンダードな文献の一つとなった『霊の書』としてまとめ、一八五七年に刊行した。

こうしたアメリカ発のスピリチュアリズムの広がりに対して、ヨーロッパの科学者達は科学者らしい純粋な好奇心から、心霊現象の科学的検証に取り組み始める。一方、メディアは著名な科学者の検証によって心霊現象の虚構が露見することを期待した。

当時の世界で学問の中心であったイギリスの科学界の重鎮サー・ウィリアム・クルックス博士は、一八六九年に初めて心霊現象に出合い、翌一八七〇年に心霊現象の研究を始めることを公表した。

クルックス博士は当初、分光学を専攻し、一八六一年に原子番号八一の元素タリウムを発見した。次いで、一八六六年にはフェノールの防腐作用を発見する。その後、一八七四年頃から陰極線の研究を始め、今日でも高校の物理の教科書に出てくるX線研究に使用されるクルックス放電管を発明する。その実験で陰極線が帯電した粒子であることを発見するが、この粒子は後に電子と命名される。また、一八七五年にはラジオメーターを発明した。

クルックス博士は、一八七一年より先述したダニエル・ダングラス・ホームの起こした数々の超常現象に関する研究を始めるが、彼はこうした物理的心霊現象を引き起こすエネルギーを「サイキック・フォース」と命名した。

一八七三年、前年からある交霊会でその霊能力を見てきたフローレンス・クックについての研究に着手し、彼女の支配霊とされるケーティ・キング霊（キングは一七世紀に実在した）の物質化の調査を行う。当初はカーテンにキング霊の顔が映る程度であったが、実験の回を重ねるごとにその物質化は拡大していった。そして、研究の最後の週、一八七四年五月二一日、ケーティ・キング霊は容姿端麗な女性としてその全身を完全に物質化し出現した。博士はその姿を、キング霊の許可を得て四四枚の写真に収めたが、キング霊との約束でその写真は彼の存命中には著書で発表することはなかった。

クルックス博士は、「彼女の物質化は完全で、端正な顔に豊かな表情、輝くばかりの肌等、そのたとえようもない美しさは、文章はもとより写真でさえ表現できない」と述べている。また、博士はキング霊の腕の脈拍にも触れ、胸に耳をあてると心臓の音もはっきりと聞こえた。脈拍数は、クックのそれが九〇回／分であったのに対して、七五回／分であったと記録されている。

なお、博士の死後、先の四四枚の写真はその公表が解禁となって、書物で公開されると一大センセーションを巻き起こした。

「信じがたいことだが事実である」と、博士は霊の存在を公に是認した。しかし、この発表の後に批判の嵐を呼び、科学的に心霊現象を証明することの困難さを痛感した博士は、心霊研究から遠ざかることになる。

クルックス博士は、亡くなる二年前の一九一七年、国際心霊新聞のインタビューの中で「私は、この問題で考えを変えたことはない。私は、かつて述べたことに絶対の確信を持っている。この世と次の世の間の橋渡しがなされた」と繰り返し述べた。

パリ大学医学部教授シャルル・ロベール・リシェは血清療法研究の創始者であり、一九〇三年、クラゲ毒の研究中にアナフィラキシーを発見し、その功績によって一九一三年にノーベル生理学・医学賞を受賞した第一級の科学者である。

リシェは、一八九二年、多彩な霊能力を示した物理的霊媒ユーサピア・パラディーノの調査（ミラノ調査）をはじめ、多くの霊媒について調査を行った。その調査は、物質化をはじめ、透視、予知、テレキシネス（念を送ることにより対象物を動かすこと）、バイロケーション（同時両所所在）等、幅広い範囲にわたっていた。また、一八九一年に『心霊科学年報』を創刊している。

彼は、尊敬するクルックス博士が心霊研究を始めると公表したとき、非常に落胆して「博士ともあろうものが何ということを」と嘆いたが、結局「神よ、私が間違っていました」と告白することになってしまったといわれている。

リシェは、心霊に関する長年の調査の結果を一九二二年に『心霊研究三〇年』として刊行した。彼はその中で、霊の物質化現象を起こす媒体を、ギリシャ語のectos（外の、抽出された）とplasm（物質、原形質）を組み合わせて「エクトプラズム」と命名した。

リシェは、ユーサピア・パラディーノを被験者とした実験を、多くの研究者とともに二〇〇回ほど行った。一連の実験結果では、物質化したものが目に見える形で出現することは少なく、研究者の体に直接手で触られた感触が生じたり、カーテンが後ろから何かに押されるように膨らむといったことが主な事象だった。一度は、ユーサピアの体から棒状のものが伸びてきて、リシェの体の脇に触れたこともあると記録されている。

後にリシェが所長となったパリの国際心理学研究所で、キューリー夫人（二度にわたるノーベル賞受賞者）とその友人、研究所の秘書P・クルティエが同席して行った実験は次のようなものであった。

ユーサピアの左右の手を、リシェとキューリー夫人がそれぞれしっかりと握ってテーブルの上に置いていたところ、ユーサピアの頭上でカーテンが裏から何か大きなもので押されているように盛り上がってきた。リシェが空いている方の手でそれに触ると、大きな男の手だった。二九秒数えてから、リシェが「この手にリングが欲しい」と言ったところ、直ちに手の上にリングの感触が生じた。次に、「ブレスレット」と言うと、手首に女性物のブレスレットが触れた。さらに、「この手が私の手の中で溶けるように」と言うと、リシェに掴まれたその手は、強い力で振りほどこうとした後、何も感じなくなった。

著書『心霊研究三〇年』の中の物質化の章末尾で、リシェは「そう、これは不合理である。が、真実である」と述べている。

フランスのギュスターブ・ジュレは、元々は内科医であったが、一九一九年『無意識から意識へ』の出版直前に臨床医を辞め、スピリチュアリズムの支援者だったジャン・メイヤーが設立した国際超常心理現象研究所の初代所長に就任した。

ジュレは、一九一七年一二月から一九一八年三月にかけて毎週のように、優れた能力を持つ物理霊媒エヴァ・Cを被験者として、自分の実験室で数人の科学者を列席させて物質化現象の実験会を開催した。その成果は、詳細な観察レポートと二三枚の記録写真として公表されている。レポートでは、エクトプラズムがその時々により、催眠でトランス状態となったエヴァの口、鼻、胸の上、指先等から、煙ないしは霧のように出てきて、ひとりでに人の顔となったり、あるいはただの網のような形となったりする状況、またそれらが時にゆっくり、時に瞬時に消えてしまう状況が詳述されている。

ジュレは続いて一九二〇年、やはり優れた霊媒とされるポーランドのフラネク・クルスキーを国際超心理学研究所（ＩＭＩ）に招き、先述したリシェ教授、ドゥ・グラモン伯爵とともに物質化の実験を行った。その模様は、まず最初に強いオゾンのような臭いがして、燐光性の蒸気がクルスキーの頭上を中心として周囲に漂い、その中に「明るいところ」ができて、それが次第に組織化され手や顔になるというものである。この「明るいところ」が参加者に触れると、実在の人間の手や指で優しく触れられたような感触だったと記録されている。

ジュレは、この実験において物質化された霊の鋳型をとるという成果を上げている。具体的には、クルスキーの傍にパラフィンを浮かべた湯の入った容器を置き、物質化した霊に手、足、顔の一部等をその容器に何度か浸けるように依頼する。そして、溶けたパラフィンの膜ができたところですぐに冷水に浸からせ、次いで物質化を解除させると手袋状の外皮が残る。その中に石膏をゆっくりと流し込むと、しっかりした鋳型がとれる。ジュレは、この方法を使って、一二回の実験会で九つの霊の手型や足型を得た。そのうち最後の一つは大人のサイズだったが、残りは五~七歳くらいの子どものものと思われた。これらの鋳型は、皮膚の微細な皺まではっきりと再現され、実在の人間のものと見まがうほどであったという。

イギリスの古典文学者にして詩人のフレデリック・ウィリアム・ヘンリー・マイヤーズは、一八八二年、オックスフォード大学出身のスティンドン・モーゼス、ケンブリッジ大学の同窓ヘンリー・シジウィック（ケンブリッジ大学道徳哲学教授）、アーサー・バルフォア（後に首相）らとともに英国心霊研究協会（ＳＰＲ）を設立した。

彼は、死後六年経った一九〇七年、当時最も著名な霊媒であったレオノア・パイパー夫人の交霊会に出現して、近いうちに他界から「交叉（十字）通信」をすると予告した。交叉通信とは、他界からの通信であることの信憑性を担保するためのもので、マイヤーズはあらかじめ通信内容を分けて、ロンドンとケンブリッジに在住する二人の霊媒に別々の文章を送り、その二つの文章の全文をカルカッタの霊媒に送った。そして、三人の受け取った文章を突き合わせることによって、マイヤーズの通信の信憑性が証明されたという。

マイヤーズの「類魂」に関する考察は、後のスピリチュアリズムに大きな影響を与えた。

マイヤーズによると、他界では同じ成長レベル（霊格）の霊達は親和性の高い関係を有し、霊的家族ともいえる共同体を形成する。この共同体では自己と他者の区別がなく、一体化して融合し、大きな共有意識体として存在する。それまでの孤立した意識は、いきなり大きな意識（私）となるとされる。

一八八五年、ハーバード大学哲学科教授でアメリカ実験心理学の父と呼ばれるウィリアム・ジェームズ達によって、米国心霊研究協会（ＡＳＰＲ）が設立される。

イギリスのサー・オリヴァー・ロッジは、電磁波の研究に従事する中で初期の無線電信に用いられたコヒーラ検波器を発明するなど、マルコーニ無線電信に道を開いた著名な物理学者であるが、彼は早くから心霊現象に対して関心を持ち、英国心霊研究学会会長も務めた。

一九一五年、第一次大戦でロッジの息子レイモンドが戦死するが、他界したレイモンドからグラディス・オズボーン・レナード夫人、カサリン・ケネディ夫人、Ａ・ヴァウト・

ピーターズ等、複数の霊媒を通して通信がくるようになった。ロッジは、レイモンドとのやり取りを一九一七年『レイモンド』として刊行した。その内容は親子の情愛に溢れていて、当時大戦で肉親を亡くした多くの人々の心を慰謝した。

なお、ロッジは死後、一九六三年五月四日と一九六六年四月二五日にネヴィレ・ランダルの交霊会で、霊媒レスリー・フリントを通して他界から通信してきた。

英国国教会の牧師ウィリアム・ステイトン・モーゼスは、オックスフォード大学神学部を卒業後、赴任したマン島で病にかかりスピーア博士のもとで療養生活を送るが、スピリチュアリズムに傾倒していたスピーア博士の夫人の影響で交霊会に出席するうちに、モーゼス自身の周りでポルターガイスト現象が起こるようになった。やがて、彼自身に自動書記霊媒の能力が発現するようになり、一〇年にわたってインペレーターと名乗る紀元前五世紀に生きた人物の霊から自動書記による通信を受けるようになる。霊からの通信に反論するとそれに対してまた霊から自動書記で応答がなされるといったやりとりを続けるが、その内容をまとめて一八八三年に『霊訓』として刊行した。

英国国教会の牧師ジョージ・ヴェイル・オーエンは、夫人に自動書記能力が発現したことから、スピリチュアリズムについて研究していくうち、自身にも自動書記能力が発現した。その内容を新聞に連載したところ批判を浴び、結局国教会と決別することになった。オーエンは、一九一二年から七年にわたる通信の内容を、一九二五年に『ベールの彼方の生活』として刊行した。

オーエンと同時代に生き、人智学を確立したことで名高いオーストリアのルドルフ・シュタイナーは、文学、哲学、神智学、人智学のみならず、医療、教育、建築、農業等多方面にわたって膨大な著作を残した。彼には、生来霊的感覚が具わっていたと言われている。

シュタイナーは、「人は死後、通常の五感を超えた超感覚的知覚（霊的感覚）により、初めて事物の本質がわかる」、「しかもその超感覚的知覚は誰にも具わっていて瞑想によりそれを引き出せる」と述べている。

アイルランドの劇作家ジェラルディン・ドロシー・カミンズは、トランス状態における自動書記によって、イエス・キリストの弟子クレオパスが他界後に霊界から送ってきた通信を記録し、それを『イエスの少年時代』、『イエスの成年時代』、『イエスの弟子達』という三つの著作にまとめて刊行した。それらの著作には、聖書に書かれていないマリアの少女時代から、イエスの誕生、少年時代、パウロの改心までの経緯が詳述されている。

また、カミンズは、他界を探求したフレデリック・マイヤーズ霊からの通信をまとめ、一九三二年に『永遠の大道』、一九三五年に『個人的存在の彼方』として刊行した。その中では、先に述べた「類魂」について詳しく述べられている。

イギリスの治安判事で、第一次大戦中の赤十字創設の功績により一九一三年に大英帝国勲章を受章しているJ・アーサー・フィンドレーは、一九二〇年にグラスゴー心霊研究協会を設立した。

さらに一九三二年、モーリス・バーバネルとともに「サイキックニューズ」を創刊し、スピリチュアリズム普及に大きく貢献した。

また、フィンドレーは五年間にわたって霊媒ジョン・C・スローンを被験者として直接霊言現象の研究を行った。彼の著作『人間の生き方』には、その直接霊言現象の仕組みについて詳述されている。

スピリチュアリズムの流れを俯瞰すると、第一次世界大戦から一九三〇年の間に明らかな変化が起きる。すなわち、それまでは物理的心霊現象が主とした研究対象であったが、心霊治療や心理的心霊現象が研究のテーマとして登場する。

心霊治療は、スピリチュアリズムの一環として霊界の主導で行われるとされている。その目的は、魂を目覚めさせ、病気の因となったそれまでの生活を反省して本来の生き方を学ばせるというものである。

一九三〇年代以後、心理的心霊能力を持つとされる人々の出現により、死後存続の証明が試みられるようになる。

イギリスのエステル・ロバーツは、霊視（千里眼）、霊聴、物質化現象、直接談話現象、物体移動、心霊治療等、多彩な能力を発揮する。ロバーツは、自分の能力にはレッド・クラウドというインディアンの指導霊が関与していると述べている。

ロバーツは、公開交霊会で、聴衆の誰かに関係のある人物の死を、その人物の霊が交霊会の場にいることによって知り、それをその場で指摘した。そうした指摘は、後に必ず正しいことが判明した。

同じくイギリスのヘレン・ヒューズは、特に霊聴に優れた能力を発揮した。彼女は数千人もの聴衆を集めた公開交霊会で度々、聴衆の誰かに関係したその場にいる霊達の声を聴き取り、霊達に関する詳細を述べた上で、霊からのメッセージを伝えた。

一九三〇年代に入る少し前から、ＳＰＲやＡＳＰＲの主流派は物理的法則に反する現象や霊界通信等を科学的に検証しようとするサイキカル・リサーチの要求条件を厳しくしていった。その結果、厳重な管理された実験室での現象以外は認めなくなり、不安定な霊媒現象等の研究は嫌われるようになる。

一九三〇年代に入って、サイキカル・リサーチから超心理学が分かれる。

デューク大学のジョセフ・バンクス・ラインは、サイキカル・リサーチをさらに厳密な手法で行おうとした。その結果、スピリチュアリズムの命題であり、サイキカル・リサーチの研究目標でもある人間の個性の死後存続、霊の存在の証明というテーマを放棄し、研究対象を超感覚的知覚（ＥＳＰ）と念力（ＰＫ）に限定することになった。

以上、近現代におけるスピリチュアリズムの足跡を、駆け足で辿ってみました。

それにしても、改めて驚かされるのは欧米、特にヨーロッパの科学者、それも第一級の著名な科学者達の心霊研究に対する信じがたいような情熱です。

彼らを心霊研究へと突き動かした理由として、一つには未知の対象に対してそれを分析、検証せずにはいられないという飽くことのない探求心、科学者固有の属性があげられます。

そして、もう一つには先に少し触れましたが、やはり欧米社会に根付いた強固な宗教的基盤があるのではないかと、私は思うのです。スピリチュアリズムは既成宗教とその理念を異にするとはいえ、欧米におけるキリスト教的価値観の影響は我々日本人が想像する以上に大きく、根深いところで科学者達を心霊研究に向かわせる動機付けとなったのではないでしょうか。

●シルバー・バーチ霊

さて、近代スピリチュアリズムを語る上で欠かせない、スウェーデンボルグと並ぶもう一つのビッグネームとしてシルバー・バーチがあげられます。といっても、シルバー・バーチは霊なのですが。

モーリス・バーバネルは、一九二〇年一八歳のとき、三〇〇〇年前に地上生活を送ったというシルバー・バーチと名乗る霊から通信を受けたといわれています。そして、彼は一九二四年から知人のジャーナリストであるハンネン・スワッファーの居宅で交霊会を開くようになり、亡くなる一九八一年まで六一年の長きにわたって、バーバネル自身が霊媒役を担いました。

その霊言は、一二巻の霊言集として刊行されましたが、それが与えた影響はスピリチュアリズム史上最大のものとされています。

霊言集には神（摂理）、心霊、人間をめぐる「真理」について様々な言葉が収録されていますが、その内容すべてについて紹介すると、それだけで優に一冊の本になるので、ここでは深く立ち入ることはしません。

私が以前より疑問に思っていたことで一例をあげると、キリスト教において三位一体（父と子と精霊が『唯一の神』として一体）の解釈をした、つまりイエス・キリストを神とした理由として、三二五年に開かれたニケーア公会議で当時のローマ皇帝コンスタンティヌス一世によって聖書が改竄されたからとしています（シルバー・バーチの霊訓『古代霊は語る』）。シルバー・バーチは「すべての人に神性が宿っていて、イエス・キリストはその神性が極めて高い霊覚者である」と言っています。

以下、霊験集の中の代表的な問答でシルバー・バーチが伝える言葉をあげてみます。

問　この世は、なぜこんなに苦しみが多いのですか。

答　苦痛を通じてのみ、人は神の真理を学び取るのである。辛い経験のるつぼでもまれて、初めて人は世を支配する神法の真理に目覚めるのである。

問　現代社会は不公平だと思いますが。

答　いつかは世の事すべて、正される時が来る。いつかは、人はその手に天秤を持ち、自らその傾きを正さねばならぬ時が来る。自ら蒔いたものを、自ら刈り取る、これが大自然の法、人はこの法から逃れることはできない。あるいは皆さんはこう考えることもある、あの人は傷が軽くてもうかったと。しかし、そうではない。人は他人の魂の中まで見ることはできないのだから。

私の知るかぎり、神法だけが唯一の方法である。私は人間の作った法を認めない。それは変わりゆくもの、しかし神法は不変のものである。もし世に苦痛がなければ、人は決して欠陥に目を向けようとしない。この世に苦痛や災禍があるのは、神の子である人類がこれを克服する道を学びとらんがためである。

また、一九三〇年代より盛んになっていった心霊治療の霊的背景について、シルバー・バーチ霊は次のように述べたと記録されています。

――その後、科学の世界にも大きな変化が生じております。今や科学みずからが不可視の世界へと入り込み、エネルギーも生命もその根源は見かけの表面にはなく、目に見えている物質のその奥に、五感では感知できない実在があることを発見しました。

原子という物質の最小の粒子は、途方もない破壊力を発揮することができると同時に、全人類に恩恵をもたらすほどのエネルギーを生み出すこともできます。科学はすっかり展望を変えました。なぜなら、かつては、これ以上は分解できないと思われていた原子を、さらに細かく分裂させることができることを知り、それが最後の粒子ではないとの認識を持つようになったからです。

そうなると、地上界へのこちら側からのアプローチの仕方も必然的に変わってきます。心霊治療が盛んになってきたのは、その一つの表れです。体の病気を治すという意味では物質的ですが、それを治すエネルギーは霊的なものです。現代という時代の風潮は、そういう二重の要素を必要としているのです（トニー・オーツセン『古代霊シルバー・バーチ　新たなる啓示』）。

すべての魂が受け入れる用意があるとはかぎりません。それはあり得ないことです。治療家のもとを訪れる患者のすべてが治せるわけではありません。が、もしも絶望視されていた患者に何らかの改善がみられたら、それは、いやしくも思考力と理性を具えた人間にとって、物質よりはるかに勝る力が働いたことを示す明確な証拠というべきです（『シルバー・バーチ霊訓集』）。

本章では、心霊の存在を確信し、その証明に情熱を傾けた人々と、近代スピリチュアリズムに関する主要なトピックを紹介しました。

前述したように、近代スピリチュアリズムは欧米にその源がありますが、現在では日本をはじめ全世界に広まっています。そして本章で述べたように、その主導的役割を果たしたのは、著名な科学者達でした。

ただ、その研究内容は、霊界からの通信、霊の物質化、古代霊を降霊させる交霊会等、一般の人々からすると俄には信じることができないような事柄ばかりです。

人間は、特に現代に生きる我々は、自分に見えるもの、あるいは科学的に証明できるものしか信じないというように習慣付けられています。心霊研究に没頭した科学者達は、誰よりもそうした近現代人の特性を理解していたはずです。とすれば、自然科学で扱う対象の対極にあるはずの霊性に対する彼らの情熱はどこから湧いて出てきたのか。

繰り返すようですが、自然科学が近現代の人々の精神に与えた影響は圧倒的です。人々は、人間の知恵、つまり科学によって解明できないことは何一つない、現在わかっていないことでも将来は必ず解明できる、解明できないことはすなわち無いことと同義である、という「信仰」をいつの間にか持つようになりました。

心霊研究を主導した科学者達は、自然科学の領域で多大な功績をあげた人々です。もちろんそこには、不思議な現象に対する科学者らしい素朴な好奇心もあったと思いますが、彼らは「事実」と「真理」は、まったく異なった概念であることを理解していたのではないか。だからこそ、宗教的な啓示あるいは霊的現象との遭遇を契機として、「真理」に触れたいと考えたのではないでしょうか。そして、そこから導き出された理念を一般の人々にも伝えたい、しかし「科学信仰」にどっぷり浸かった人々に理解させるには「科学的方法」によるしかないと考えたのではないでしょうか。

第五章　人は死なない

さて、最後の章となりました。

本章では、人間の智恵を超えた大いなる力（摂理）と生の連続性、そしてそれを認識した上で人はいかに生きるか、といったことについて自分なりに考えたところを述べてみたいと思います。

一● 摂理と霊性

●人の知は有限

いうまでもなく、科学は人類に大きな恩恵を与えてくれました。それは、医療についても同様です。近代の医療技術の進歩には、目をみはるものがあります。しかしその一方で、実際の臨床現場では、いまだに感染症の原因菌の同定さえも容易ではありません。救急外来での初療後や院内での急変後の患者さんが収容されるＩＣＵでは、往々にして病態が複雑であり、そのため治療方法さえも手探りで、一瞬先が読めない場合が稀ではありません。また、薬剤への反応や病気の推移は、場合によって一人一人大きく異なるという「個別性」についても、最近の遺伝子解析でやっと知見が増えてきはじめたばかりです。

科学とは、仮説をたて様々なデータから普遍的な原則を見つけ出すものですが、現実の臨床現場では、個々の事例の中に普遍性を見出すまでに至らず、個別性が目立つことが少なくありません。

さらにいえば、メスナーのエベレスト無酸素登山が生理学の教科書の一ページを書き換えたように、あるいは重篤な病気や怪我でとうてい助からないと思われた状態の人が助かるなど、人の生存限界の正確な把握はできていません。また、そうした極限状況の中で現れる体外離脱、臨死体験、第三章で述べたサードマン現象のような、常識的にはとうてい考えられないような現象が報告されています。このような常識を超えた人の生存限界や非日常的現象を知るにつけ、人間が持っている本来の能力は、我々の想像をはるかに超えたものであることがわかります。

ところで、我々医師が病院で診療をしていると、病院に入院すれば必ず正確な診断を受けることができる、治療は必ず成功する、極端にいうと病院に入院すれば必ず「死」から逃れることができると思っているかのように見うけられる患者さんやご家族が少なからずいることに驚かされます。核家族化が進み、両親を家で看取ることも減り、生老病死を間近に見ることなく育つ人たちが増えた結果でしょうか。

確かに、ロケットを飛ばし宇宙ステーションで人が長期滞在できるような時代に、病気のひとつも治らないのか、という気持ちもわからないではありません。ただ、人は生き物です。生命とは複雑系であり、途方もなく精緻かつ絶妙なバランスで営まれる繊細なものです。我々ごときの想像の及ぶものではありません。

救急外来で診療していると、ショック状態や意識障害などで運び込まれた患者さんが対症療法で軽快するものの、その原因が最後まで同定できないことは珍しくありません。そのような状況に対して若い医師たちが「救急外来の診療では（原因が）わからないまま退院していく患者さんが多い」と率直な感想を残念そうにもらすのをしばしば耳にします。

また、病気が悪くなって救急外来に来る患者さんをみていると、発症から時間が経ってしまっていて複雑な病態になってから搬送されて来る場合が多々あります。このような患者さんは、長期の治療期間を要するだけでなく元の状態にもどすのは困難であり、治療過程で回復に難渋するいろいろな合併症を起こすことがよくあります。

我々医師は、限られた人的・物的資源で、理想的にはいかないという現実の中で、日々もがいていているようなしだいです。このように、医療現場に限っても我々の知っていること、わかること、できることは残念ながらごく限られています。

●摂理

自分を振り返ってみると、私が摂理の存在を感じ取るようになったのには、さまざまな要因があったように思います。

第一章の冒頭で述べたように、幼い頃に抱いた「どうして人間には良心があるのだろうか」という疑問、小学三年生の時の交通事故で子どもながらに身近に感じた「死」、こうした想念は後々までも私の思考に影響を与えることとなりました。

長じて、大学で医学を学び、臨床医として医療に従事するようになると、間近に接する人の生と死を通して生命の神秘に触れ、それまでの医学の常識では説明がつかないことを経験するようになり、様々なことを考えさせられました。そうした経験のせいもあって、私は極限の体験をした人たちの報告、臨死に関するレポート、科学者たちが残した近代スピリチュアリズム関係の文献を読むようになりました。それらの事柄の総合によって、つまり幼少時の直観が、臨床経験と文献の知識によって裏打ちされて、科学で説明できない大きく深いものへの感性ができたように思います。

生命の有り様、宇宙の原理を沈思すれば、我々人間を含めた「存在の総体」は、驚くべき神秘に満ちているということはすでに述べてきた通りです。考えれば考えるほど、あらゆる存在（物質だけでなくそれを取り巻く空間や時間を含めた総体）とその生々流転の理は不思議というよりほかなく、我々はそれらの総体の輪郭さえ描くことができません。人間は、事物事象のメカニズムを解明していくことはできるかもしれません。けれども、それらの事物事象が、どうしてそのように在るのかという根本について解明することは難しいでしょう。そして人間は、我々を取り巻く森羅万象が解明されればされるほど、すべてが完璧にできていることを思い知るのではないでしょうか。その完璧さは、人間が考える科学的論理や善悪の倫理を遥かに超えた、まさしく摂理の業《わざ》としか思えないようなものです。

この全的な創造とその運用を司る大設計者、すなわち摂理の存在を感受できるのは人間だけであり、人々は遥かなる昔からその存在を知っていました。最初の宗教は、摂理の存在を知覚したところから始まったはずです。また、現代を生きる我々も、それを心の奥深いところでは感受しているのではないかと思います。

そして、摂理の意思、すなわち万物と万象の「調和」を感じるのではないでしょうか。存在するものにはすべて意味が付加されており、それらはすべて関連し合っている。あらゆる存在は奇蹟としか思えないほどの完全なシステムとして在る。そのシステムが不全を起こしそうになった時、すなわち調和が乱れた時に、復元ないしは排除の力が働く。これこそが摂理の意思である、と私は考えています。

原初の人々は、自分たちが生まれ生きて死んでいく世界、自分たちを取り巻く自然に対して素朴な畏怖と畏敬の念を抱き、そこに創造主の存在を直観しました。そして、同時に霊的現象や霊能者を通して霊魂の存在をも感じ取り、畏れ敬うようになりました。

このように遙か昔から、人々は神（摂理）と霊魂を不離の存在として感受してきたのです。

●霊性

第三章、第四章では、一般の人々にはあまり馴染みのない様々な事象や、その研究について紹介してきました。現代の科学的常識、日常感覚からすると、信じ難い事例も多々あったと思います。

しかし、最初の方で述べた通り、我々人間がこの世界、宇宙に広がる事物・事象について知っていることは、極めて微々たるものにすぎない。そのわずかな知識の枠外にある概念について、アプリオリに否定することはできないのではないかと私は考えています。

さて、前章で近代スピリチュアリズムとその流れについて概説しました。そこでも述べましたが、近代スピリチュアリズムの概念は欧米で生まれ、その主導的役割を担ったのは優れた実績を持つ科学者たちでした。

彼らが自ら記した、あるいは彼らの研究について論述された文献を読むとすぐにわかることですが、欧米の近代スピリチュアリズムには、霊的現象を科学的に証明しようとする志向と、背景に伝統的なキリスト教的価値観がある点に際立った特徴があります。

彼らの残した著作や報告書には、霊能者あるいは自らの体験した他界との交信記録や霊魂の存在の証明実験、多数の人々の霊的体験を収集・分析した報告書など、普通の感覚からすると驚く事例が記されています。

こうした事例の科学的証明は極めて困難です。ただ、あることの証明は、一例を示せばよいという意味で可能ですが、ないことの証明は不可能に近いといえます。

自然科学の一領域である医療に従事する私としては、霊魂の研究に没頭した近現代の科学者たちの不思議な事象に対する科学的な好奇心や解明しようとする情熱、また強固な宗教的感性を理解できるし、敬意や共感も覚えます。

ただ、私はこうした霊的現象を科学的に証明する必要があるのか、とも思うのです。本書で何度も繰り返し述べてきたことですが、そもそも摂理や霊魂の概念は、自然科学の領域とは次元を異にする領域の概念であり、その科学的証明をする必要はないのではないでしょうか。

要は、霊的現象それ自体に意味があるのではなく、そうした現象の見聞や体験を通して受ける啓示、あるいは導き出される理念、真理こそが本質であると私は考えています。

二●生きるための知恵

●現代の霊性

人の「死」に関して、一般的には「歳をとって、八〇歳で死ぬ」というような言い方をしますが、それは「肉体には寿命があり、八〇歳になって肉体は朽ちて無くなる」というほどの意味であり、それ以上でも以下でもありません。対して、第四章で述べたようにスピリチュアリズムでは（宗教でもそうですが）、我々の体は「魂」と「肉体」から成り立っていて、死に際して「肉体」は朽ちて消滅するが、その時に「魂」は肉体から離れてどこかにいくと考えられています。

しかし、諸外国を含めて現代文明の中で生きる大方の人々は、日常生活の中でいきなりこうした考えに接すると、強い違和感を覚えるのではないでしょうか。

ここで我々、日本人の死生観を例にとってみましょう。

第二章でも触れましたが、古代から日本人は、人は死ぬとその霊は肉体から離れてあの世にいくと考えていました。そして、亡くなった人の冥福を祈る追善や供養を営々と続けてきました。盆には仏壇に精進料理を供え、お寺の迎え鐘を突いて精霊を迎え、精霊流しをして帰すといった先祖供養を行ってきました。昔の日本人はみな、直観的に「人の死後の存続」を信じていたのだと思います。

では、現代の日本人は、なぜこのような死生観を持てなくなったようにみえるのか。

明治の神仏分離から廃仏毀釈による仏教の衰退、さらに第二次世界大戦後の連合国軍最高司令官総司令部（ＧＨＱ）による国家神道の廃止、教育制度改革などの影響を受け、また明治維新後の西洋科学偏重の中で「科学主義的思考」が浸透し、それまでの日本人に共有されていた生活思想は徐々に失われていきました。近代におけるこうした変化が、日本人の死生観に大きな影響を与えたのは確かです。

しかし、数千年にわたって連綿と続いてきた我々日本人の霊的なものに対する感性は、本当に消滅したのでしょうか。

私は、そうは思いません。長い歴史の中で培われてきた死生観、日本人の内なる声は、たかだか百年あまりの短い時間の中で起きた表層の変化によって、かき消されてしまうほど軽いものではないと私は思います。

肉親を亡くした経験のある人は特にそうではないかと思いますが、「霊魂」や「死後の世界」はその存在を証明できないから認めないと科学的に考える自分と、亡くなった人の霊魂がどこかにいて自分を見守ってくれているのではないかと直観的に感じる自分がいないでしょうか。現代の日本に生きる分別を持った人間としては人間の知性で理解できない事柄に関しては信じることができない、一方でそう考えることに何か割り切れない後ろめたさを感じる、というように二つの背反した思いが交差するのが本当のところではないでしょうか。

●人間の良心

私が幼い頃、疑問として感じていた人間の「良心」について、いま一度考えてみましょう。

仮に現世が現世限りであるなら、人は何をしても死ねばすべて帳消しになります。この現世が夢のようなものであるなら、亡くなった人を弔う必要もないし、善行を積む必要もない。寿命を全うしようとする必要もなければ、他人がいやがることをしてもかまわない。この地上の環境を徹底的に破壊してもよいし、大量殺人兵器で人類を滅亡させてもよいことになります。けれども、現実には、ほとんどの人間がそんなことをしようとは考えません。人類は本能的に、そのような悪行を否定します。

私は、この本能こそが「良心」あるいは「良心の言葉として受ける直観」なのだと思います。では、なぜ人間には良心があるのか。「良心」という心の働きについては、科学的に解明されてはいません。しかし、すべてが科学的に証明されない限り真実ではない、存在しない、ということにはならないと私は考えます。

誰しも、人が困っていたら気になる、自分がされたくないことは人にもしたくない、良いと思うことをした後はなんとなく気分がよい、といった感情を覚えたことがあるはずです。こうした心の動きは、誰に教わるまでもなく人に備わった自然な感情です。「正直の頭に神宿る」という言葉がありますが、良心とは人が現世で生きていくための道標となる摂理の声であり、我々はその声に素直に耳を傾けて従い、あるがままに生きていけばよいのではないでしょうか。様々な人間関係の中で、聞こえていてもその声に従えないこともあるかもしれません。心に余裕のないときには、その声は聞きづらくなるかもしれません。ときには、その声に従う勇気が鈍ることがあるかもしれません。また、その声を聞きそびれ、後でそのことに気付き後悔することもあるでしょう。それでも、できる限りその声に従って生きることによって、我々の人生は豊かで意味のあるものになるのではないかと私は考えています。

人の一生は、表面的には寿命の長短や、それぞれが人生の中で負う荷物の大小しか見えないので、見かけ上不公平、理不尽に思えることは多々あります。なぜあの人は夭折してしまったのだろう、なぜ生まれながらに重い障害を負ってきてしまったのだろう、善良に生きているのになぜこんなにつらい目に会うのだろう、などと考えてしまうことが誰にでもあるはずです。けれども、我々の人生の旅は死後も続く、摂理の意思は悠久の生の中で折り合いがつくよう働いている、と考えれば現世での苦しみや悲しみが多少なりとも癒されるのではないでしょうか。いや、そのように考えないと、矛盾に満ちたようにもみえるこの人生を理解できるものではありません。

人生における様々な失敗や挫折、病気や怪我など自分の身に起こる災厄とは、摂理が個々の人間に、それぞれが自身で責任を負って大切な何かを学ぶために与えた試練なのではないかと私は考えるのです。

●別れ

土佐日記に、次のような一節があります。

「なかりしもありつつ帰る人の子を、ありしもなくて来るが悲しさ」

死別の悲しみは、現世が現世限りだと思うと底知れぬ深いものとなってしまいます。特に自分の子どもを亡くした親の悲しみは喪失感だけにとどまらず、ともすれば子どもの夭折の原因を自分に帰し、自らをひどく責め生きる意欲さえなくしてしまいます。はては家族の間にひびが入り、ときに離散に至ることもあります。

けれども、人の魂は肉体が消滅した後も存在すると考えれば、ずいぶんと心が安らかになるのではないでしょうか。現世で二度と会うことはできないという喪失感は、残されて現世を生きる者にとって確かに大きなものですが、大切な人と幽明の境を異にするのは一時のこと、他界した人はどこかで自分を見守ってくれている、いつの日か再会できると考えれば、死別の悲しみの本質が変わってくるのではないでしょうか。

また、様々な事情により、大切な人への弔いの形がとれなくて心を痛めている方がいるかもしれませんが、心配にはおよびません。葬儀、あるいは墓は、それ自体に意味があるわけではないからです。亡骸や骨に霊が宿っているわけではないのです。釈迦やキリストも、そのようなことにはまったく関心を持っていませんでした。ただ、葬儀を執り行ったり墓参りをするという行為には、現世を生きる者にとって別の意味があります。葬儀は亡くなった人との今生での別れを意識するけじめであり、墓参りは日々の俗事に追われる我々に霊に思いをはせるひとときを与えてくれると同時に、内省の時間をも与えてくれるのです。したがって、葬儀や墓参りは、人それぞれの環境に応じて、できる範囲で行えばいいのではないかと私は思うのです。

●宝探しの旅

私は、人類の歴史とは、摂理が創造した宇宙の森羅万象の謎、いいかえれば「創造の法則」を、あたかも宝探しのように少しずつ解き明かしながら自分探しをする旅のようなものだと思っています。偉大な発見・発明や芸術から私たちの日々の気づき、営みまで、そのことごとくは摂理の意思の中にあります。我々の身の回りにある事物も実は摂理の配剤なのであり、人間はその謎解きをしながら生活に役立たせてきました。偉大な発見は、人類に摂理の意思の精妙な現れを感得させてくれます。また、人類の意識を高めたり、その行動の可能性を広げたり、自然環境への負荷を減らしたりすることによって、人類に大きな福音をもたらしてくれるものです。

前世紀のはじめに量子力学を生み出した物理学者たちの言葉を待つまでもなく、万物の統一性にみる摂理の力の前に、「我々には知る力はあるけれど、今は何もわからないと知り、謙虚に虚心坦懐に万物万象に向き合っていく」姿勢が大切なのだと私は思うのです。

そして、私たちは摂理により生かされている世界の一部であることを忘れず、この世界と共存・調和し、その謎を解きながら、意識の進化を心がけていけばよいのだと思います。

●足るを知る

「足るを知る」という言葉があります。昔の日本人がよく使っていたこの言葉は、もともと老子の「知足者富（たるをしるものはとむ）」、禅の「吾唯足知（われただたるをしる）」にその語源がありますが、私の理解では、「必要以上に欲しがるな」ということになります。

もちろん人の欲はなくならないものだし、私はそれを否定するわけではありません。自分の内なる声に耳を傾け、やましいことのない欲ならどんどん出していけばよいでしょう。特に「知りたい」という欲などは、人の根源的な欲のひとつです。また、前向きの人生を歩もう、人のために何かしたい、というような欲などもそうです。

一般に、人が何かをするときの動機の強さは、①好きである（楽しい）、②責任を担う、名誉を得ることができる（感謝される）、③金銭的報酬を得ることができる（高い生活の質が確保できる）、④強制される（脅される）、という順となっていて、純粋な欲は、何にもまして強く人を動かすものなのです。

たとえば、医療職であれば、①患者さんやご家族の笑顔をみるのが嬉しい、②感謝されると嬉しい、といったことが強い動機となっています。

また、趣味も人間固有の純粋な欲のひとつであり、後述する心身のリラックス、リフレッシュという意味でもとても大切なものです。

ところで、人間には他者から何かをしてほしいという欲もあります。こちらの方は、相手のあることなので自分の思い通りにはいきません。したがって、そうした欲はほどほどにしあまり期待しないようにする、してもらえたら感謝の気持ちを持つべきでしょう。

いずれにせよ、「足るを知る」ことによって、生きていくことが楽になったり、あるいは他者に寛容になれたりするのではないでしょうか。月並みな言い方になりますが、日々の生活において不要の贅沢をしないよう、また他人にしてもらったことには感謝の気持ちを持つよう心して、前向きに生きていく。この当たり前のことが当たり前になれば、ずいぶんと生きやすくなるはずです。

●心身を労る

人が有意義な一生を全うするためには、心身を調子よく保つことが大切です。そして、精神活動が維持できるように心身をなるべくよい状態にするよう、体からの声を聞きながら少しずつ体を手入れしていくことが大事です。

亡くなる半年ほど前のこと、母はふと思い出したように「もういいんじゃないの。そんなに心身をすりつぶしてまでする仕事なんてないでしょう」と私に言いました。それまで、私たち兄弟にあれこれ指図めいたことを言ったことがない母なので、その言葉が強く心に残りました。医療現場に出てからそのときまで四半世紀、私は何も考えずにがむしゃらにその間を過ごしてきました。特に当時は、救急医療の現場での診療と、それをどう向上させていくかを考えなければならない、という緊張の解けない日常の続く状況にあって、心身を労る理想的生活とは対極の生活を送っていました。しかし、母が亡くなった後、私はその言葉を母の遺志として受け取り、少しでも規則正しい生活を心がけるようになり、五十の手習いよろしく、長距離走と自転車走を再開し、心身のリラックスを心がけるようになりました。大した運動量ではありませんが、外の空気を吸いながら無心になれるのがとてもよい気分転換になります。

心身の余裕ができると、頭の回転がよくなり、集中力も湧き、積極的な考え方ができるというものです。積極的に考えれば、不愉快な思いもなく、無用な心配、悲しみ、怒りともさようならです。自分だけでなく、周りの人も気分がよくなります。どうせ生きるなら気分よく生きたいものです。

●利他

イエス・キリストの直接の教えを受けたユダヤ人キリスト教徒たち、いわゆるグノーシス派は、紀元三一二年、ローマ帝国の国教となったカトリックから最初期の異端として排斥されました。その、グノーシス派の『真理の福音書』(イエス・キリストが亡くなってまもない一~二世紀に書かれたとされ、一九四五年になって発見されたナグ・ハマディ文書の中のひとつ)には、「神は彼らを自らの内に見出し、彼らは神を自らの内に見出したのである」という言葉があります。合気道の創始者、植芝盛平も『武産合気《たけむすあいき》』の中で、まったく同じことを述べています。まさに梵我一如の境地です。

そして、この神と自己との同一を認識したら、それを行動に移すよう説いています。

ただし、たいへん重要なことですが、どの文にも「神は決して真理の押し売りはいたしません」という言葉が述べられています。つまり、人が自分で気付いて納得して自分の行動を変えることに意味があるのです。

言葉や考えではなく、実際の行為が大切だということです。たとえ信仰を持たなくても、落ち込んでいる人を元気づけ、困っている人に手を差し伸べるだけで十分なのです。

我々普通の人間は、日々の心掛けとして、今自分のできることをやっていく、ささやかな利他行をしていく、という当たり前の生き方をすればよい、そしてこれこそが人生最大の目的だと私は思っています。

三●医療における利他の実践

●救急医療の意義

平成一一年、私は東大工学部精密機械工学科の教官に着任しました。その間、当時の東大医学部胸部外科高本眞一教授の計らいで、胸部外科非常勤講師として医学部の学生や若い医師に接する機会ができました。そこで驚いたのは、彼らの中に、「自分の身内は、絶対に東大病院に入院させたくない」という人が少なからずいたことです。私は、二つの意味でそれは間違っていると思いました。第一に、将来あるいは現在自分の仕事に責任を持つなら、当事者意識を持ち自分が率先して職場をよくするよう努力しないといけないし、もしそれができないならそこにいてはいけない。第二に、自己否定するような人間は他の先進国では相手にされない。

これからを背負って立つ若い人がこれでは、困ったものだと思いました。

さて、工学部での生活は、不慣れなためそれなりの苦労はありましたが、総じて楽しいものでした。ところが平成一二年の秋頃でしたか、現在の職場である救急医学講座および救急部に来てくれるよう医学部の一部の先生方から声がかかりました。私はそれまで医学部の様子をみていたので、これは大いに苦労しそうだと思って気が進まず、一度はお断りしました。

本来、生き物である人間を対象とする医療は、二四時間三六五日、その命を守るのが使命であるはずです。先進国ではどこでも医療とはそうあるものだとされ、医療を牽引する大学病院や基幹病院では、救急医療を病院の基本機能のひとつとして病院を挙げて運営しています。ところが、日本人の考え方に甚大な影響を及ぼした第二次大戦の敗戦により、日本は国家が国家であるための最も基本的な要件である「国民の生命と財産を守る」という意識が薄れてしまいました。医療も例外ではなく、国民の命を守るための救急医療を医療の基本に据えて、各部署の医療スタッフが力を合わせて診療にあたるという仕組みをつくることができませんでした。その結果、一部のやる気を出した医療人たちに行政が補助金を出してそれで済ます、というびつな形が現在まで続いてきました。国民の税金で医者を生み出すという使命を帯びた国立大学でも、ごく一部の例外を除いて、我が東大医学部・東大病院も含め救急医療に対してその本来の位置付けをきちんとするということを怠ってきました。

ともあれ、一度辞退したにも関わらず、それでも選考会に出て欲しいという要望でした。そのため、選考会の時に私が委員の先生方に申し上げたのは、まったくもってごく当たり前のことなのですが「病院の基本機能として病院を挙げて救急医療に取り組む」ことを認めていただきたいということでした。限られた人的・物的・時間的制約のもと、平時とは違う診療・責任形態をとらざるを得ない救急医療に携わる中で、若い医療従事者に緊急度・重症度の高い患者さんの場合に必要な「緊急避難（on an emergency）」という考え方をぜひとも理解してもらいたいと思ったのです。私は、日本の医療に少なからず貢献してきた当院で、当たり前の救急医療ができるようになることが、日本の救急医療や医療そのものをよくすることだと考えていました。

結局、異動が決まったとき、私はどうせやるなら職員の誰もが「自分の身内は、絶対に東大病院に入院させたい」と思えるような職場にできないものだろうかと思いました。気持ちとしては、職員一人ひとりが「患者さんを自分の肉親だと思って最善の診療を提供することだ」、とわかってはいても、そのときの私には、一人ひとりがそれを実践するようになるための明確な方策は何もありませんでした。しかし、「まあ、決まったことをくよくよ考えても仕方ない。賽は投げられたり。これまで通り、自ら体を張って現場で今自分ができることをやっていくだけだ」と思って気持ちを奮い立たせました。

平成一三年七月に異動し、小さな救急外来だけでなく、九月から新病棟がオープンして新たに私の管轄となったＩＣＵも動きだしました。当時の救急外来は、治療に必要ないろいろな検査も緊急時には必ずしも円滑にできたわけではありませんでした。ところが、新しいＩＣＵが動き始めて、これらの検査部門の業務中に突発的なことで急変した患者さんがＩＣＵに入室した後、無事退室するようになると、それらの検査部門にそれまで以上に頑張ってもらえるようになりました。

また、各科の容態の厳しい予定入室患者さんや病棟で急変した患者さんをＩＣＵで治療するうちに、救急外来やＩＣＵでの各科の協力も円滑に得られるようになりました。現在、一般外来に来られる患者さんは年間約八〇万人にもなるため、その中で日常生活中に急変して救急外来に来る患者さんもずいぶんな数になります。つまり、救急患者さんの中にはかなりの割合で各科の受け持ち患者さんが含まれることになるわけです。そのため、自然と各科の医師たちが当事者意識を持って救急患者さんに対応するようになったのだと思います。

平成一五年には、院内緊急コール体制（コードブルー）を敷くことができました。この体制ができるまでにはかなりの時間がかかりました。その理由は、いざコールがかかったときに誰が出てくるのか、責任は誰がとるのか、といった懸念の声が上がり続けたからです。ところが実際に動き出してみると、昼夜を問わず、そして職種を問わず予想外に多くのスタッフが現場に駆けつけました。日中の一般外来ロビーで起こった場合などでは、多いときには一〇〇人に上る医療スタッフが無心で飛んできました。このような場面を見ていると、当院の医療者一人ひとりの良心的な姿勢を思い同じ職員ながら感動します。

また、当初はその必要性を認識されなかった新救急外来への入院床の設置も平成一八年に認めてもらい、ＩＣＵや一般病棟への入室の適応がない患者さんでも、観察入院ができるようになったので、外来診療の安全性が高まりました。

平成二〇年には、それまで行ってきた三次救急医療に加えて総合救急診療・教育を一部始めました。救急外来を訪れる患者さんは、どのような疾患が複合しているのかわからない場合が少なくありません。まずは、総合的に患者さんを診察し、必要に応じて専門科に相談することで、どのような患者さんにも対応できるようになることを目指しました。

怪我ならともかく病気では、本人の自覚症状は必ずしも緊急度、重症度をあらわしません。みなさんには、できるだけ軽いうちに診療を受けていただき、より早く快復してほしいと思います。誰しも重症化してたいへんな思いをすることを望まないはずです。

しかし、究極のところは、病院の世話にならずにすむことが理想です。でも現実にはそういう訳にはいきません。せめて怪我は起きないように、病気はひどくならないうちに治まるようにしたいものです。みなさんよくご存知の孫子の謀攻篇には「……百戦百勝は、善の善なるものにはあらざるなり。戦わずして人の兵を屈するは、善の善なるものなり。」という一節があります。私は、この言葉を医療に応用して、「病気になってから手のかかる治療をすることは最善ではなく、病気が軽いうち、できれば未病のうちに快復をめざせることが最善」というように考えています。自分の体調が「どうもこれはいつもと違っておかしい」と思ったら、ためらわずに医療機関に行ってください。医療機関に行こうという初動については、本人自身の気持ちにかかっていて、他人が代わってできるものではないので。

なお、当院では今年度からようやく二四時間三六五日、総合救急診療・教育をできるようになりました。若い医師の診療力の向上だけでなく、将来このような診療様式が地方の医師の外来診療の基本の一部になれば、少ない人数でも広く診療をカバーでき、医師不足という問題を解消する一助になるのではないかと思います。

さらに平成二二年には、病院執行部の主導のもと、大掛かりな工事の後に、東京都から救命救急センターの認定を受けました。

このたびの東日本大震災で被災された方々には、心よりお見舞い申し上げます。メディアやインターネットを通じて知らされてくる現状の想像を絶する様子に、私も同じ国民として何かできないかという思いにかられて日々を過ごしてきました。

当院では、発災当日から六月三〇日現在までに、合計延一三八人の医療スタッフが現場へ医療支援に向かいました。病院からの公募に応募した職員は、もっとずっと多かったそうです。平成一六年の中越地震のとき、事務部長、管理課長、薬剤部副部長、救急部の若い医師と私という五人で真っ先に繰り出さないといけなかった頃とは隔世の感があります。病院に残った職員たちは、被災地あるいは被災地の後方支援病院から後送されてきた患者さんたちの受け入れ、被災地への物資搬送準備にあたりました。

思い返せば、私が赴任当時に、どうしたらできるかと案じた、医療者一人ひとりが当事者意識を持って頑張るという姿勢が、いつの間にか自然と染み渡っていることに気付き、たいへん驚いています。病院の全職員の協力により、ようやくここまで来ることができました。

今私は、利他行為としての医療の実践において、当院が確かによりよい方向に向かっていると確信しています。

●医療とは何か

ところで、霊魂は不滅である、つまり人は死なないとしたら、なぜ医療が必要なのでしょうか。この世がこの世限りなら、いつ死んでもよいはずです。あるいは、もし人の生があの世まで続くなら、どうせ行くあの世にいつ行ってもよいと思う人もいるのではないでしょうか。だとすれば、無理に医療などでこの世の生を伸ばそうとする必要はないのでしょうか。

そもそもこの世での人生の目的のひとつは、仕事、ボランティア、近所付き合い、家庭など、形や場を問わず、自分のできる利他行為をしていくことだと私は考えています。また、私のように医療に従事する者は、現在自分ができる最善の医療によって、患者さんの寿命を全うする手伝いをすることだと思っています。

いうまでもなく、医師の第一義的な使命は患者さんの病気や怪我を治すことにあり、そのための治療方法、また医療機器や新薬の評価・研究を怠ることはできません。ただ、その一方で死期の迫った患者さんに対してどのような終末期を迎えてもらうか、ということも極めて重要だと考えています。かつては、自分自身やみくもに少しでも長く患者さんを生かすことだけを考えていた時期もありましたが、誰にでもやってくる「死」をいかに穏やかに迎えていただくことができるかということも、とても大切な役割だと現在は考えています。また、治療の甲斐なく患者さんの救命が不可能となったときに、緩和医療についてご家族にどのタイミングでどのような伝え方をすればよいか、今では自分なりに確信が持てるようになりました。

今の西洋医療は、怪我や急性期の病気の治療を得意としていますが、慢性期の病気についてはまだまだ不十分です。むしろ、医療とともに医食同源的な意識を持った生活が大切です。今の高齢化社会を考えると、「老」に「病」はつきものですが、「病は治すもの」という発想で、薬だけで適正な状態を維持しようとするのではなく、食生活へも目配りをして、不要な薬を服用しないようにする必要があるのかもしれません。

一方、第一章で述べたようなさまざまな代替医療については、今の西洋医療的な定量が難しいですが、施術者が患者さんを適切に評価して行えばよい効果を生むようです。たとえば、漢方であればきちんと患者さんの体力・体質・症状などから状態を総合的に評価して「証」を把握し、それに則って適切な投薬をするといったことです。ただ、「病は気から」という面もあるので、患者さんの容態の推移が、その治療の効果かどうか客観的評価が難しい場合があるかもしれません。いずれにしても、各々が得意なところで最善をつくせばよいのだと思います。

さて、いよいよ最後となりました。

人の一生は一瞬の夢にも似た儚く短いものです。だからこそ、人は現世に執着するのかもしれません。愛する人の死を悼み、自分の死を怖れる。その気持ちはよくわかります。しかし摂理、霊魂の永遠に思いを重ねつつ、今に没頭すれば、肉体の死を恐れることなく勇気を持って生きることができるのではないかと私は思います。

人は、今生を生きているうちは、生きることを懸命に考えなければなりません。なぜなら、我々は摂理によって創られた自然の一部であり、摂理によって生かされているからです。したがって、自分の体はまず自分自身で労り、よりよい状態を維持するように努力しなければなりません。あらゆる思索、創造する力、精神活動は、いうまでもなく体の状態と不可分です。第二章で登場したBさんの言葉にもあるように、「人は自分に与えられた身体を受け入れ、その声を聴き、精一杯活かすことで、感謝の気持ちを持って生きていかれる」、これは真理だと思います。

人はみな理性と直観のバランスをとり、自分が生かされていることを謙虚に自覚し、良心に耳を傾け、足るを知り、心身を労り、利他行をし、今を一所懸命に生きられたらと私は思っています。そして、「死」を冷静に見つめ穏やかな気持ちでそれを迎え、「生」を全うしたいものです。

寿命が来れば肉体は朽ちる、という意味で「人は死ぬ」が、霊魂は生き続ける、という意味で「人は死なない」。私は、そのように考えています。

あとがき

現在、医療技術は日進月歩で進歩し、それなりの成果をあげています。しかし、最先端の治療を施しても、寿命が来れば人は死ぬ（この世を去る）。あたりまえといえば、あたりまえのことです。

けれども、このあたりまえのことを、忘れているのではないかと思われる人を目にします。日々の医療現場でも、病院に来れば死なないと思っている人、医療に一〇〇%を求める人、寿命という言葉を知らないのではないかと思われる人、そういった人が少なからず見受けられるようになりました。

人が病気になる原因として、体質、ストレス、生活習慣など、様々なことがいわれています。しかし、救急医療の現場で、日々人の生と死に立ち会う我々医師にとっても、本当のところはわかりません。情けないことながら、わからないことだらけというのが実情です。人は必ず死ぬ、長時間にわたって呼吸や心臓が止まったり身体がひどく損傷したりすると死ぬ、その程度のことしか確実にいえることはありません。ましてや、人の本当の寿命など我々医師にわかるはずもありません。

生来の持病、不治の病、夭折、事故、流産、自死。人の死には様々なかたちがありますが、どうして自分が、どうして彼（彼女）が、という死に対してある種の理不尽さ、不条理感を一般の人々が抱くことについては、私にも理解できます。ただ、生命というものの複雑さや不思議さを思い、「生きる」ことと同時に必ずやってくる「死ぬ」ことについて、我々人間はもっとしっかりと見つめることが必要なのではないでしょうか。我々は、死を想い、生きることの意味、人間の存在意義を理解することによって、豊かな〝生〟と〝死〟ということについての手がかりをつかむことができるのではないか。

以上のような認識のもとに、生命は我々が考えるほど単純ではないこと、医療でできることはごく限られていることを一般の人々に理解していただき、自分の命を人任せにせず自分自身で労ってほしいという思いをささやかながら述べてみたいというのが、本書を執筆する最初の動機でした。

なお、本書で紹介した霊魂についての様々な事例については、なかなか信じることができないかもしれません。ただ、私としては頭から先入観をもって否定するのではなく、そんなこともあるのかもしれないな、といった程度の思索のゆとりを持っていただければ、と思うのです。

実のところ、本書のモチーフは極めてシンプルなものです。人間の知識は微々たるものであること、摂理と霊魂は存在するのではないかということ、人間は摂理によって生かされ霊魂は永遠である、そのように考えれば日々の生活思想や社会の捉え方も変わるのではないかということ、それだけです。そして、それを繰り返しているに過ぎません。そのため、くどく感じられる読者もいらっしゃるかもしれません。ご容赦ください。

なお、現在の日本では自死よりも孤独死の方が多い、そして孤独死がどのように扱われるか、という現実を読者のみなさんに知っていただきたかったため、亡き母には申し訳ないと思いながらも、あえて遺体発見後から検視・検案を経て埋葬されるまでの過程を詳述したことをここに記しておきたいと思います。

東日本大震災で被災された皆様に心よりお見舞い申し上げます。4月末に訪れた岩手県庁災害対策本部で、県庁職員、医師、消防、警察、自衛隊、海上保安庁の方々が一堂に会し一生懸命切り盛りしている様子に頭が下がりました。また、三陸海岸の被災地では、瓦礫となった街を黙々と自力で後片付けに専心する方々、また避難所となった学校で全国から駆けつけたボランティアの人たちと一緒に力を合わせ、自分たちで互いに助け合い自立生活を営もうとしている方々、新年度の異動を断って現地に残り、臨時の診療所を守る若い医療人たちの姿に、よき日本人をみて深い感動をおぼえました。一日も早い復興を心より願っています。

最後になりましたが、生と死について考える契機を与えてくれた日々の臨床現場における幾多の患者さんやご家族の方々、また快く面談を承知していただいたBさん、Cさん、Dさん、母との交霊を実現させてくれたEさん、Fさん、そしてバジリコ社の長廻社長と出合うきっかけをつくってくれた畏友田口ランディさん、その田口さんを紹介してくれた東大病院医師の稲葉俊郎君、高校の同級生加藤ゆみえさんをはじめとする私の友人、同僚たち、多くの人々の協力があって本書が成立しました。ここに深謝致します。

矢作直樹（やはぎ・なおき）

昭和56年金沢大学医学部卒業。その後、麻酔科を皮切りに救急・集中治療、外科、内科、手術部などを経験。平成11年東京大学大学院新領域創成科学研究科環境学専攻および工学部精密機械工学科教授。平成13年東京大学大学院医学系研究科・医学部救急医学分野教授および医学部附属病院救急部・集中治療部部長を歴任。現在名誉教授。

人は死なない — ある臨床医による摂理と霊性をめぐる思索

2011年 9月1日　初版第1刷発行
2025年 6月26日　　第37刷発行

著者　**矢作直樹**
発行人　**長廻健太郎**
発行所　**バジリコ株式会社**
〒162-0054
東京都新宿区河田町3-15　河田町ビル3F
電話　03-5363-5920　ファックス　03-5919-2442
取次・書店様用受付電話　048-987-1155
http://www.basilico.co.jp

印刷製本　**中央精版印刷株式会社**

ISBN978-4-86238-178-1